ROBERT 1983

ROBERT 1963

L.-F. JAUFFRET

Tiré à 155 Exemplaires :

120 sur papier vélin ;
30 sur papier de Hollande ;
4 sur papier chamois.
1 sur papier gris.

LOUIS FRANÇOIS JAUFFRET

LOUIS-FRANÇOIS

JAUFFRET

SA VIE ET SES ŒUVRES

PAR

ROBERT-MARIE REBOUL

Orné d'un Portrait Photographié.

PARIS
J. BAUR & DÉTAILLE
Libraires
10, *Rue des Beaux-Arts.*

MARSEILLE
MARIUS LEBON, Libraire
43, *Rue Paradis*
E. CAMOIN, *Rue Cannebière*

AIX
ACHILLE MAKAIRE, 2, *Rue Pont-Moreau*

1869

Le présent travail, offert à la Société Académique du Var, *bien que ne s'étant pas trouvé enfermé dans les strictes limites du programme tracé par l'Académie, a obtenu, dans la séance du* 1er *Février* 1869, *une* Mention honorable.

A MONSIEUR

L'ABBÉ A.-G. JAUFFRET

CHANOINE, VICAIRE-GÉNÉRAL

DE MONSEIGNEUR L'ÉVÊQUE DE METZ

HOMMAGE

DE VIVE AFFECTION ET DE PROFONDE ESTIME

A MES JEUNES NEVEUX ET COUSINS

François RICHARD — Louis BÉGUIN

Louise RICHARD — Jean SIMON

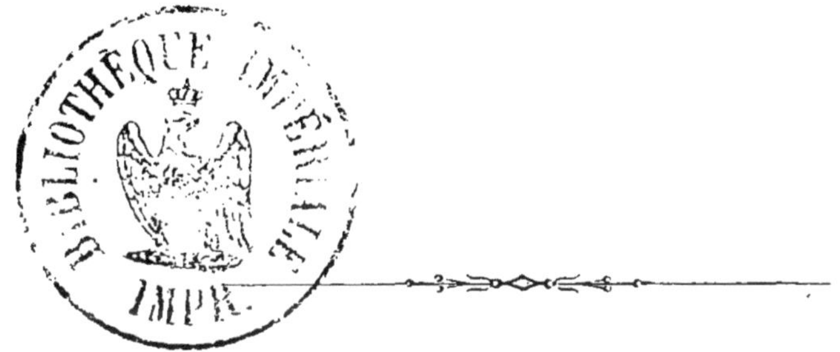

A MES AMIS

Gustave MOURAVIT
de Bordeaux

Louis GARCIN
Peintre d'Histoire

Jules PASCALET

Charles LION

« *Vitam impendere vero.* »

L'homme qui a consacré sa vie entière et son patrimoine à vulgariser l'instruction, et qui, dans le cours d'une longue carrière, n'a cessé de répandre dans ses productions les principes les plus purs, l'amour du bien et de la science, cet homme est digne qu'on se souvienne de son passage ici-bas.

Inspiré par un sentiment bien doux, car c'est celui de l'amitié reconnaissante, je viens, quoique inconnu, révéler à l'histoire de notre beau pays de Provence, si riche en illustrations de tous genres, les documents propres à transmettre à la postérité le nom d'un noble moraliste, d'un estimable littérateur qui s'est fait connaître par des ouvrages où respire la vertu la plus pure, et qui compta au nombre de ses amis, Florian et Berquin, dont il fut l'émule.

S'il s'agissait de consacrer un panégyrique à un de ces hommes au-dessus de l'intelligence commune et dont la gloire se transmet d'âge en âge, nos louanges seraient déplacées sinon inutiles. Les génies supérieurs n'ont pas besoin d'être loués, ce soin est laissé à la postérité; d'ailleurs, les hommes célèbres se louent eux-mêmes par leurs vertus ou par leurs ouvrages. Mais n'est-ce pas chose légitime, que de rendre la justice qui leur est due, à des hommes méconnus, dont les talents ont subi ces caprices de la fortune qui semblent chercher des victimes jusque dans les royaumes de l'intelligence?

Ce n'est pas une réhabilitation que je suis venu tenter, mais la mise en lumière de l'une des figures les plus intéressantes qui aient illustré à la fois les lettres et les sciences au début de ce siècle.

La tâche était lourde et bien des difficultés m'attendaient. La première de ces difficultés était de réunir les matériaux mêmes de mon travail, matériaux tellement dispersés, qu'il faut renoncer parfois à leur possession. Mais, fort heureusement, j'ai pu recueillir d'anciens souvenirs, des traditions de famille qui m'ont été d'une précieuse utilité.

Une autre source où j'ai puisé, ce sont les livres mêmes de l'auteur que je viens faire connaître, et surtout ses lettres intimes. En l'absence de ces documents de première main, écrits au courant de la plume, il me paraissait bien téméraire d'esquisser un portrait sans m'écarter de la vérité. En effet, les documents autographes portent un cachet de vérité irrécusable : « C'est l'expression de la vie, c'est la vie.... Quand « on écrit un livre, c'est la réflexion, c'est la raison qui « parlent : on n'exprime que ses idées, souvent même que

« *l'hypocrisie de ses idées. Quand on écrit des lettres, on*
« *exprime plus communément ses sentiments et ses pas-*
« *sions.* * ».

Trop heureux de pouvoir être de quelque utilité en recueillant des faits destinés à sauver de l'oubli un homme d'un vrai mérite et digne d'être mieux connu, je me permets d'offrir à mes compatriotes de la Provence un travail que je destinais à un cercle restreint, mais que les aimables sollicitations de mes amis m'ont engagé à présenter au public.

Puisse cet essai inspirer un peintre plus habile!

---

* FEUILLET DE CONCHES, *Causeries d'un Curieux*, Variétés d'Histoire et d'Art; Paris, Plon, 1862, t. Ier, pages XV et XVIII de la Préface.

L.-F. JAUFFRET

SA VIE & SES ŒUVRES

« Un caractère aimable, un esprit orné, le « rendaient propre à parler à l'enfance, « et il employa à son égard, dans ses « ouvrages, le langage de Berquin. Tous « ses livres sont intéressants, contien- « nent une morale pure, et ont le pré- « cieux avantage de présenter l'instruc- « tion sous des formes qui éloignent ce « qu'elle a de répugnant pour la jeu- « nesse. »

Alphonse RABBE. *Biographie universelle et portative des Contemporains.*

« Il était bienveillant et doux, d'un esprit « aimable, fin, d'un cœur droit et d'un « noble caractère, qui avait beaucoup vu « et qui parlait bien de ce qu'il avait vu. « Il avait une aménité qui semblait le « signe de sa vocation pour charmer les « enfants. . . »

J.-J.-F. POUJOULAT. *Lettre autographe à M. R. .* , du 9 mars 1868.

Le 4 octobre 1770 (1), Louis-François Jauffret naquit à La Roque-Brussanne (Var) (2), de Gaspard-Jean-André Jauffret et de Catherine Grisole.

Son père exerçait depuis plusieurs années, à La Roque-Brussanne, les fonctions de notaire. Esprit ferme et éclairé, jugement droit, pénétré des devoirs de sa profession, toujours prêt à secourir l'infortune, il acquit une honorable réputation.

---

(1) Vérifié sur les registres de la Paroisse.

(2) Quelques biographes et bibliographes le font naître à tort à Paris, notamment : Quérard, *France littéraire ;* Didot, *Biographie générale ; Tablettes*

En témoignage de l'estime publique dont M. Jauffret père jouissait, ses compatriotes le nommèrent juge de paix en l'année 1791 (1). Le digne homme n'eut pas le bonheur de survivre à cette marque de sympathie, une mort violente l'emporta le jour de sa nomination, le 6 février. Il avait sacrifié son patrimoine à l'éducation de ses six enfants. Quel héritage plus précieux pouvait-il laisser à sa famille ?

La famille Jauffret est une des plus anciennes et des plus distinguées de La Roque-Brussanne, une de ces familles respectables dont les mœurs patriarcales rappellent les vertus les plus pures : ce sont là de véritables titres de noblesse. Elle a toujours été utile à l'administration du pays, et plusieurs de ses membres ont rempli les fonctions de consul. André Jauffret, oncle germain de Gaspard-Jean-André, avait acquis de Messire Le Blanc, prieur de la Celle, le domaine noble de Fiossac et de la Foux, dont il portait le nom (2), et fut souvent député pour le pays aux

---

biographiques des écrivains français, Paris, Debray, 1810, 1 v. in-8°; *France nouvelle illustrée*. Liv. n° 3, Marseille, art. sur la Bibliothèque.

La Roque-Brussanne est un petit village d'environ 1,400 âmes de population, à 13 kil. de Brignoles, nommé dans les anciens titres *Castrum de Rocca Brussana;* dans divers manuscrits en ma possession, *Castrum de Rocca Brussani;* et en provençal, *La Rocobrussano*. Des médailles d'argent, des pièces de monnaie des premiers empereurs romains trouvées dans son territoire sembleraient confirmer, à défaut de titres, la supposition, qu'on a faite, que ce village existait dès le commencement de notre ère. V. *Géographie de la Provence*, par Achard, t. 2, p. 296-305, un article très-consciencieux sur ce village, dû à mon compatriote Joseph-Eusèbe Bremond, avocat distingué au Parlement d'Aix.

(1) On sait que cette magistrature a été instituée par les lois de la première Assemblée constituante, et que le juge pris parmi les éligibles était nommé par l'Assemblée primaire du canton. L. du 24 août 1790.

(2) Dans divers titres manuscrits en ma possession, André Jauffret est qualifié: *seigneur de Fiossac, sire de Fiossac*. Ce domaine dépendait du fief de La Roque-Brussanne, possédé par le monastère de la Celle, et ensuite par les comtes de Saint-Victor. L'abbé Le Blanc, dernier titulaire du Prieuré, vendit à M. Jauffret, à titre d'arrière-fief, le château seigneurial de Fiossac, par acte du 15 avril 1741, notaire Bouteille, à Aix.

assemblées de la Province. Il avait épousé Catherine d'Ollivier du Puget, fille du seigneur de ce lieu et nièce de François d'Ollivier, écuyer en la ville de Marseille, conseiller au Parlement d'Aix (1).

Les alliances qu'avaient faites les Jauffret avec les de Castellane, de Mazaugues, et autres familles nobles, sont une preuve de leur distinction. Mais, malheureusement, une perte irréparable des archives de la commune, ne me permet point de donner des détails plus précis sur les origines de la famille Jauffret (2).

Dès son enfance, le jeune Jauffret montra une précocité fort remarquable et donna de grandes espérances par sa douceur, sa vivacité et, ce qui est rare à cet âge, par un goût décidé pour les choses de l'intelligence.

Son éducation fut commencée par ses parents. Placé ensuite chez le vicaire de la paroisse, l'abbé Faudon, le jeune écolier manifesta des dispositions tellement heureuses pour l'étude, qu'il éveilla l'attention de son professeur. Sur les conseils de ce dernier, ses parents l'envoyèrent à Aix à l'ancien collége des Jésuites, où il passa quelques années, et en 1780, il entra au collége des Oratoriens de Marseille, célèbre institution dans laquelle Jauffret sut se faire aimer par cet aimable caractère qui semblait déceler sa vocation. Doué d'une mémoire prodi-

---

(1) Contrat de mariage de Catherine Jauffret, sa fille, avec le seigneur de Pierrefeu, du 23 novembre 1740, notaires Bernard, au Puget, et Barry, à La Roque-Brussanne. Les d'Ollivier sont encore représentés aujourd'hui, dans le pays, par la famille Béguin. Le nom s'est éteint en la personne de Toussaint Ollivier, prieur de Berre.

(2) Cette perte est l'œuvre des troupes du duc de Savoie et du prince Eugène. Lorsque, en 1707, ils assiégèrent Toulon, le village de La Roque-Brussanne fut saccagé et incendié par un détachement de l'armée, « les registres publics, le « château et 96 maisons devinrent la proie des flammes ». V. Achard, ouvrage cité.

gieuse, passionné pour l'étude, il fit de rapides progrès, au-delà de toute espérance; mais son intelligence demandait sans cesse un nouvel aliment. Il vint à Paris achever ses études au collége de Sainte-Barbe, où il obtint les plus brillants succès et se fit remarquer par son esprit d'observation et par son goût pour les choses sérieuses. Il eut pour professeur de rhétorique Réné Binet, traducteur d'*Horace* et de *Virgile*, et pour condisciples l'éminent critique Dussault et le savant humaniste Lemaire, éditeur de la *Bibliotheca classica latina*.

Pendant qu'il terminait ses classes à Paris, M. Jauffret eut constamment pour conseiller son frère aîné, alors prêtre à Saint-Sulpice, qui veillait à son éducation avec une attention toute paternelle. Le caractère dont ce digne ecclésiastique était revêtu, une différence d'âge de onze années, lui donnèrent toujours, en effet, l'influence ou plutôt l'autorité d'un maître et même d'un père.

Sorti du collége de Sainte-Barbe, M. Jauffret passa brillamment son examen devant les Membres de l'Université de Paris. Sa famille décida qu'il suivrait la carrière du barreau. Cette décision acceptée, il fit son droit à Paris.

Un de ses parents (1) contribua puissamment à lui inspirer le goût de la science des Justinien et des Cujas, et encouragea les premiers pas de M. Jauffret qui était son neveu, dans cette carrière, où il avait acquis lui-même une brillante réputation par son savoir, par son éloquence et par son noble caractère.

En dehors des cours de l'Université, M. Jauffret assistait régulièrement aux conférences particulières qu'un habile professeur donnait chez lui aux jeunes avocats qui voulaient se perfectionner dans l'étude du droit romain. Parmi eux, se trouvaient

---

(1) Gassier, avocat au Parlement d'Aix, savant jurisconsulte, le rival et le maître des Portalis et des Siméon, l'une des gloires du barreau provençal.

MM. de Lacretelle jeune, Bellart, Favard de Langlade, Roy, Méchin, Lenoir-Laroche, le spirituel Picard et Royer-Collard.

N'ayant encore que vingt ans, Jauffret obtint le diplôme de licencié en droit et fut reçu avocat au Parlement de Paris. Sa douceur, son affabilité, ses talents lui valurent d'illustres amitiés dans la magistrature, et le succès signala ses débuts. Mais la carrière d'avocat n'apporte, qu'après de longs et pénibles labeurs, la fortune et la gloire. Avide de recueillir les fruits de ses études et désireux de donner un libre épanchement à ses inclinations les plus chères, Jauffret revint bientôt à son goût pour la littérature et la science, passion de ses plus tendres années.

Voici des vers qu'il avait composé à l'âge de quinze ans, assis au pied d'un vieil arbre dont le vent tourmentait le feuillage ; il les intitula : *Le Calme du Sage :*

Quand l'aquilon mugit, quant les vents en fureur,
De la nature entre eux se disputent l'empire,
Aux pieds d'un arbre assis, je me plais à leur dire :
Vents ! sifflez dans les airs, la paix est dans mon cœur.

Ce modeste quatrain révèle non-seulement les goûts de l'auteur, mais aussi son caractère. On verra plus loin qu'au milieu d'orages bien autrement épouvantables, M. Jauffret sut conserver le *calme du sage*.

Une autre cause contribua à le détourner de la carrière du barreau. C'était en l'année 1790, au commencement des agitations politiques qui changèrent la face de notre patrie. Une ère nouvelle venait enfin de voir proclamer les droits du peuple, si longtemps foulés aux pieds. L'antique Parlement de Paris, l'un des corps les plus puissants de la France, qui avait commencé la Révolution, fut l'une de ses premières victimes : il s'écroula avec la vieille société (1). Ce bouleversement exerça

(1) La suppression du Parlement fut votée par un décret du 7 septembre 1790, rendu par l'Assemblée Constituante.

sur M. Jauffret un profond sentiment de dégoût. Il vit se détruire les espérances qu'il avait rêvées ; il lui sembla que sa carrière était brisée ; mais, libre de préjugés et de passions, sans manifester aucune haine pour le nouveau Gouvernement, comme la plupart de ses confrères, il adopta les principes régénérateurs et offrit ses patriotiques pensées aux améliorations nouvelles avec tout l'enthousiasme dont la jeunesse est capable, et toute la sincérité d'un sentiment désintéressé.

Peu avant l'abolition du Parlement, il manquait un journal spécial destiné à faire connaître les décisions importantes de la Justice et des Corps administratifs. Esprit actif, M. Jauffret conçoit l'idée de combler cette lacune et fonde la *Gazette des Tribunaux et Mémorial des Corps administratifs et municipaux*. C'était une feuille de format in-8°, comme la plupart des publications de ce genre. Elle paraissait tous les lundis par cahiers de 32 pages, et comprenait : un compte-rendu des décisions importantes du Conseil de Justice ; — sous le titre de *Jurisprudence*, des réponses du rédacteur aux diverses questions qui lui étaient soumises ; — des articles sur la Justice de paix, les Tribunaux de famille, de police correctionnelle ; — un exposé des arrêtés des Corps administratifs et municipaux ; — des analyses raisonnées des articles concernant l'administration, l'ordre judiciaire ou le droit civil et criminel ; — enfin, les résultats des séances de la Convention.

Deux journalistes très-connus, P.-A. Miger, un des premiers rédacteurs du *Moniteur Universel*, alors *Gazette Nationale*, et Dussault, étroitement liés avec M. Jauffret, collaborèrent à son journal.

La *Gazette des Tribunaux* acquit de l'importance. Elle était bien accueillie par les autres feuilles et jouissait même d'une certaine célébrité qu'elle devait surtout au bon esprit de ses articles. Malgré cette faveur, elle ne fit pas la fortune de

M. Jauffret; car à peine arriva-t-il à couvrir les frais d'impression, alors très-considérables. On était à l'origine de la presse périodique et il fallait, comme en toutes choses, subir la loi de la nouveauté.

C'était un triste temps que celui où Jauffret entrait dans la carrière littéraire. La discussion des grandes questions qui s'agitaient à cette époque, pour asseoir sur des bases durables les principes proclamés par la société nouvelle, excluait toute occupation littéraire : la politique avait étouffé l'art. Il était presque impossible de résister au courant de l'ambition qui tenait tant d'hommes sous son joug; M. Jauffret, malgré son jeune âge, résista aux séductions de la foule, ne recula point devant les difficultés et surmonta les obstacles qui s'interposaient entre lui et le but qu'il s'était proposé d'atteindre. Il trouva dans sa volonté, la force nécessaire pour mener de front l'étude des sciences et pour cultiver les belles-lettres.

Ardent au travail, il suivait assidûment les cours de l'*Athénée* où professaient des hommes d'élite, et ne tarda point à se faire remarquer par quelques morceaux en prose poétique pleins de verve et de jeunesse, imprégnés d'une douce sensibilité, d'une naïveté touchante, et dont la grâce s'alliait à la fraîcheur. Ces morceaux, publiés dans les recueils du temps, obtinrent un accueil flatteur; Florian et Berquin, qui étaient alors dans tout l'épanouissement de leur génie, adressèrent à l'auteur des lettres charmantes qui l'encouragèrent dans la nouvelle voie qui s'ouvrait devant lui. Il consulta ces deux aimables littérateurs sur quelques-unes de ses productions. Florian et Berquin comprirent qu'ils n'avaient as paffaire à un jeune homme ordinaire, mais à un esprit distingué qu'il fallait encourager.

Dès ce moment, ils s'attachèrent à M. Jauffret d'une étroite amitié; et cette amitié le détermina encore plus à se livrer à ses goûts littéraires.

Florian était tout heureux de partager sa solitude avec le jeune Jauffret, de l'entraîner quelquefois avec lui sous les beaux ombrages de Sceaux. C'est là que M. Jauffret commença à philosopher avec son maître, pendant des journées entières, sur les arts, sur les lettres et sur les sciences. C'est dans la société de l'Auteur de *Gonzalve* qu'il rencontra La Harpe, Marmontel, Ginguené, Garat, Fourcroy, Andrieux, et les jeunes littérateurs avec lesquels il noua depuis une étroite intimité. Vivant paisiblement dans cette réunion de jeunes gens spirituels et aimables, il rêvait la plus douce carrière; son temps était partagé entre le charme des lettres et le culte de l'amitié.

Dans ses excursions aux environs de Paris, et surtout à Sceaux où il allait souvent avec Florian, il avait vu d'aimables enfants jouer au milieu des plus beaux sites, des mères prodiguant à ces enfants les plus douces caresses; ces intéressants tableaux, qu'il avait pris l'habitude d'admirer et d'aimer l'émurent : il les crayonna dans la solitude.

En 1791, il fit paraître un ouvrage des plus gracieux : *Les Charmes de l'enfance et les Plaisirs de l'amour maternel*, idylles et contes, dont les enfants et les mères ont fourni les sujets, et dont la première édition fut enlevée.

La morale la plus pure, des sentiments nobles, caractérisent ces divers morceaux; les images les plus gracieuses y sont dessinées avec un goût exquis, avec une fraîcheur sans égale et avec cet abandon mélancolique, cette simplicité qui rappellent les Idylles de Madame Deshoulières.

Aimable et sensible Jauffret! Quelle grâce, quelle pureté d'imagination, quelle suavité de pinceau n'as-tu pas déployées dans ces pages où ton cœur se révèle tout entier ! — Quoi de plus simple, de plus aimable que l'idylle intitulée : *A un Enfant?*

Ne me fuis pas, joli enfant! ne quitte pas cette prairie, où d'un pied léger tu sautes sur l'herbe naissante! que ma présence n'éloigne pas le sourire de tes lèvres gracieuses! Mécontent des hommes, je les évite; je viens sur le gazon fleuri, cultiver ton cœur, et jouer avec toi.

Vois mon visage, il est calme comme le tien. Les passions orageuses n'en ont pas troublé encore la sérénité.

Joli enfant! tu te rends à mes vœux; tu viens à moi en souriant. Veux-tu te reposer sous ces jeunes peupliers? A l'ombre de leur mobile feuillage nous tresserons une guirlande de marguerites et de scabieuses. Veux-tu folâtrer le long de ce ruisseau? Sur les tiges des joncs qui ornent ses rives, nous verrons se balancer de jolis insectes à la taille légère, aux ailes de gaze, d'or et d'azur. Veux-tu poursuivre ce petit papillon bleuâtre, voltigeant de fleur en fleur au gré de son caprice? Veux-tu cueillir la tige de cette plante aux feuilles dentelées, et souffler sur les aigrettes volages qui la couronnent?

Ah ! qu'il est pur le bonheur que je goûte en partageant tes doux plaisirs! Quelle jouissance j'éprouve en respirant à tes côtés l'air que respire l'innocence! Égarés par l'ambition, les hommes foulent aux pieds la candeur, ils ne s'embrassent quelquefois que pour mieux se tromper. Aimable enfant! Ce n'est qu'auprès de toi que je retrouve la candeur de l'âge d'or. Quand tu me souris, ton sourire n'est pas une imposture. Quand, pour me prouver ta tendresse , tu me demandes un baiser, je sais que ta bouche naïve ne se prépare pas à me calomnier Soyons amis. Pour te plaire, je m'amuserai de tes jeux, et ta naïve amitié embellira pour moi la nature.

Plus loin, M. Jauffret peint l'*Enfant des Champs ;* c'est un ravissant paysage animé par l'expression du sentiment le plus poétique, et qui inspire un tendre intérêt.

Nous sommes forcé de dérober à nos lecteurs la suite des tableaux que présentent les Idylles de M. Jauffret. Nous ne finirions pas si nous voulions mettre sous leurs yeux tout ce qui pourrait les édifier sur la grâce, le naturel et l'élégance du style qui font le charme de cette œuvre d'un jeune homme de vingt ans.

Après Gessner, Thompson, Schmidt, Kleist, Léonard et Berquin, après tant d'autres poëtes distingués qui ont moissonné les plus brillantes gerbes que ce genre put produire, il fallait vraiment des idées nouvelles présentées sous une autre forme, pour arriver au succès qu'obtint le charmant ouvrage de M. Jauffret, surtout à une époque où la littérature était si peu cultivée. Certes, il y avait du mérite à composer des peintures aussi vraies que gracieuses, pendant que les passions se déchaînaient dans toute leur violence. C'est ce qui fut exprimé avec raison par Urbain Domergue, grammairien distingué, dans un compte-rendu de la deuxième édition des *Charmes de l'Enfance*.

« Après le fracas des orages et des discussions politiques, « disait-il, il est doux de reposer son esprit sur les images de « la nature embellie, comme après la lutte terrible des nuages « qui vomissent la foudre, on se plaît à fixer ses regards sur « les couleurs variées et brillantes de l'arc-en-ciel (1) ».

Dès ce moment, M. Jauffret, quoique bien jeune, se voyait déjà sur le chemin de la gloire. La perspective la plus séduisante s'offrait à lui; son rêve le plus doux se réalisait, car il venait d'atteindre à cette gloire, la seule qu'il ambitionnait, celle d'être appelé par les enfants eux-mêmes leur *nouvel ami !* Le public accueillit avec faveur la première production de notre jeune littérateur, et un grand nombre d'organes de la presse, qui faisaient autorité, apprécièrent justement son talent d'écrivain en lui prodiguant les éloges les plus flatteurs (2).

---

(1) URBAIN DOMERGUE, *Journal de la Langue françoise*, du 24 septembre 1791. T. III, p. 457-468.

(2) L'abbé Sicard, le savant instituteur des Sourds-Muets, dans le compte-rendu de la première édition des *Charmes de l'Enfance*, qu'il inséra au t. V, p. 213, du *Tribut de la Société nationale des Neuf-Sœurs*, ou Recueil de Mémoires sur les Sciences, Belles-Lettres et Arts (Paris, Onfroy et Née de la Rochelle) s'exprimait ainsi : « Il vient de paraître un recueil d'Idylles char- « mantes, de la plus grande fraîcheur, par Jauffret, auteur de la plus grande « espérance, qui, pour nous retracer les tableaux ingénus de la naïve enfance, « n'a eu qu'à nous retracer les tableaux de la sienne. C'est en nous faisant « l'histoire de ses premiers jeux, qu'il a enrichi notre littérature d'un chef-

« Le bonheur que mes Idylles m'ont déjà procuré, s'écriait « Jauffret, vaut plus que la gloire. Combien de mères sensi- « bles n'ai-je pas eu le plaisir de connaître ! Combien d'aima- « bles enfants m'appellent leur ami ! Ah ! qu'un autre soupire « après la renommée ! Pour moi, j'ambitionnais une plus « douce récompense, et cette récompense mon cœur l'a déjà « obtenue » (1).

Les tableaux enchanteurs que M. Jauffret offrait dans ses écrits se manifestaient autour de lui dans tous les instants de sa vie ; rien n'égalait le charme de ses conversations intimes, il avait ce caractère de bonté, de douceur, d'obligeance qui inspire la plus grande sympathie, et ce caractère explique sa vocation pour instruire et amuser la jeunesse. On peut dire avec raison que M. Jauffret s'est peint dans ses ouvrages. — Les enfants faisaient toute sa joie. Il éprouvait du bonheur à se mêler à leurs jeux innocents, à satisfaire leurs moindres désirs. Ses jeunes amis, qui balbutiaient à peine, prononçaient déjà son nom, les poëtes aussi chantaient l'ami de la jeunesse, le peintre de la nature (2).

« d'œuvre de plus. Tout est image dans ce qui sort de la plume de notre jeune « auteur ; la richesse du coloris ; ces mots d'où il semble que tous les noms « rudes ont disparu pour faire place à des sons coulants et faciles ; ce beau « choix d'accents qui s'appellent comme la goutte d'eau appelle la goutte d'eau « sur la feuille humide des pleurs de l'aurore, voilà ce qui rend le style de « ces délicieuses Idylles si pittoresque. Eh ! comment des peintures aussi naïves « et d'un fini aussi parfait ne feraient-elles pas le charme de toutes les âmes « sensibles ?. . . »

(1) *Charmes de l'Enfance*, 7ᵉ éd. Paris, Eymery, 1825, in-18, t. Iᵉʳ, p. xj et xij de la préface.

(2) Je ne puis passer sous silence et me priver du plaisir de faire connaître un fragment d'une pièce de vers adressée à M. Jauffret, sur ses Idylles, le 30 avril 1792, par Miger :

Que j'aime tes charmants tableaux !
Quelle fraîcheur ! quelle élégance !

M. Jauffret avait puisé un goût très-vif pour l'histoire naturelle dans les leçons des savants professeurs de l'*Athénée* et surtout dans ses lectures du *Spectacle de la Nature*, de Noël Pluche, des ouvrages du savant Charles Bonnet et de quelques autres. Pour cultiver avec fruit une science aussi intéressante, il consulta les hommes qui pouvaient lui être utiles et l'introduire dans les sociétés savantes de Paris. Grâce à la protection du respectable abbé Sicard, son ami intime, il fut présenté à Haüy, minéralogiste, et au comte de Lacépède, et, dans cette société, il se lia d'amitié avec d'autres jeunes savants, qui commençaient à peine la carrière dans laquelle ils acquirent la plus grande illustration ; nous citerons Cuvier, Hallé, Brongniart, Pinel, Lacroix, A. L. de Jussieu, Étienne Geoffroy Saint-Hilaire.

Admis à la *Société nationale des Neuf-Sœurs*, consacrée aux Sciences, aux Lettres et aux Arts, et qui jouissait d'une

---

Ainsi Boucher nous peint l'enfance.
As-tu donc hérité de ses riants pinceaux,
De son secret, de sa touche légère?
Tous tes enfants sont des Amours.
Ah! combien tu nous fais regretter ces beaux jours
Où, sur les genoux d'une mère,
D'un souris, d'un baiser nous faisions son destin!
. . . .
Sans doute plus heureux dans les champs de Provence,
Au sein des innocents plaisirs,
Toujours libre et joyeux tu coulas ton enfance,
Et ton livre est rempli de tes doux souvenirs :
. . . .
A ces touchants récits, j'ai vu pleurer Glycère,
Et couvrir de baisers ton ouvrage charmant....
. . . .
Tout passe, ami ; mais tes heureux portraits,
Fruits d'un pinceau guidé par la nature,
Du temps qui détruit tout, ne craignent pas l'injure;
Les enfants que tu peins ne vieilliront jamais.

certaine célébrité, Louis-François Jauffret assistait régulièrement à ses séances et y lisait quelquefois des morceaux qui excitaient presque toujours de vifs applaudissements. Bientôt il fut acclamé, à l'unanimité, secrétaire perpétuel de cette Compagnie, et mérita l'estime et l'affection de ses Membres par le zèle qu'il apportait dans ses fonctions et par les aimables qualités de sa personne.

Cette société savante a eu trop d'influence sur la destinée et sur les rapports que M. Jauffret eût avec les célébrités de l'époque, pour qu'elle ne doive pas au moins un instant arrêter ici notre attention. La digression n'est pas, du reste, inutile au sujet, car « pour bien comprendre le point d'arrivée « d'un homme, il faut rassembler toutes les circonstances « qui ont environné son développement. Il faut interroger le « milieu où il a vécu ; c'est alors que l'ayant contemplé au « sein même de la société de son temps, ayant pénétré les « sentiments intimes qui lui ont donné l'essor, on le comprend « tout entier (1) ».

La *Société nationale des Neuf-Sœurs* avait été fondée par Edmond Cordier (2), homme aussi distingué par son talent que par son noble caractère, dans le but de centraliser les études scientifiques, littéraires et artistiques, en facilitant aux jeunes intelligences les moyens de se développer. Les hommes les plus célèbres dans différents genres se firent recevoir de cette société ; on peut citer : A. Laurent De Jussieu, Georges Cuvier, Lacretelle, d'Ansse de Villoison, David, peintre ; les compositeurs Méhul et Berton, Népomucène Lemercier, Campenon, Michaud, etc. — Les séances étaient tenues dans un local situé quai des Miramiones.

---

(1) Feuillet de Conches, *Causeries d'un Curieux*, t. Ier, p. XVII et XVIII (Préface).
(2) Abbé Commendataire de St-Firmin, auteur de l'*Abeille Françoise*.

Le nom des *Neuf-Sœurs* adopté par la Compagnie paraîtrait peut-être singulier, si on ne se reportait à une époque d'enthousiasme, où les institutions comme l'esprit visaient à l'imitation des Républiques anciennes.

Les sociétés savantes étaient sœurs. Animées des mêmes sentiments de patriotisme, elles se communiquaient leurs travaux.

Ces institutions sont aujourd'hui complétement oubliées, et pourtant elles méritent un souvenir. Ne sont-elles pas le berceau de quelques grands noms que la France est fière de citer ? C'est à la *Société nationale des Neuf-Sœurs* que le grand Cuvier fit présager ce qu'il serait un jour ; c'est là que Geoffroy devina cette belle intelligence ; c'est aussi au milieu de cette même société que nous voyons débuter Louis François Jauffret dans l'art si difficile d'instruire et d'amuser la jeunesse !

Les grands événements politiques qui, à cette époque, agitaient notre pays, compromettaient la carrière de l'homme de lettres; la littérature était condamnée à l'oubli. Il fallait pourtant lutter contre les misères et les besoins de chaque jour et se créer des ressources pour vivre dans la capitale; le produit de la *Gazette des Tribunaux* ne suffisait point.

M. Jauffret s'attacha avec enthousiasme aux principes d'une république modérée et se laissa forcément entraîner par le courant de la presse : il devint journaliste. Recommandé par plusieurs hommes de mérite à Perlet, imprimeur de l'*Assemblée Nationale* (1), journal fort répandu, estimé surtout par sa

---

(1) Ce journal est un des plus anciens et des plus marquants parmi ceux que vit éclore la Révolution. *Histoire du Journal en France*, par E. Hatin. Paris, Janet, 1853, petit in-12, 2e édit, p. 53 — Lenoir-Laroche, avocat au Parlement

modération et son impartialité, M. Jauffret fut agréé comme rédacteur en chef.

C'était une position bien difficile à cette époque où l'exaltation de certains esprits ne connaissait aucune borne : je parle de ces esprits hasardeux, de ces âmes irritées, inquiètes, impatientes de s'emparer des affaires publiques et que l'on rencontre au début de toute révolution.

Il se tira avec honneur et même avec profit de la tâche confiée à son zèle. La modération qu'il apportait dans la discussion des actes de l'Assemblée, la courtoisie dont il usa envers ses adversaires, la sagesse de ses principes, lui attirèrent l'estime de ceux de ses confrères qui, comme lui, ne cherchaient pas dans l'ardeur des débats politiques l'inspiration de leur conduite. Essentiellement modéré par caractère et par opinion, M. Jauffret ne pouvait faire sortir de sa plume des éléments de discorde. L'*Assemblée Nationale,* sous sa rédaction, eut à lutter contre de redoutables, j'ose dire, de féroces adversaires, tels que l'*Orateur du Peuple,* de Fréron, l'*Ami du Peuple,* de Marat. Plus tard, le même Fréron, qui a laissé de tristes souvenirs de son passage en Provence, attaqua le journal de Perlet dans des termes tellement vifs, qu'ils font supposer un affreux mensonge (1).

Nous arrivons à cette époque de la Révolution où la mesure dans les principes devint un crime. L'insurrection du 10 août

---

de Paris, membre du Conseil des Anciens et plus tard pair de France, avait rédigé cette feuille dès les premières années de sa fondation.

(1) « Ces journaux royalistes, dit-il, s'efforcent de souiller de leur bave im-« pure les lauriers de nos intrépides armées, d'avilir le système républicain... « canaux impurs d'une opinion frelatée, que tous ces plats coquins donnent « pour celle du peuple François, qu'ils outragent et qui saura un jour les ren-« fermer dans la fange qui est leur élément, et les noyer dans un déluge de « crachats. » *Mémoire historique sur la réaction royale et sur les massacres du Midi.* Paris, Louvet, an IV, 1 vol. in-8°, p. 9 et 10 de la Préface.

se préparait. Une agitation générale régnait dans Paris ; le tambour battait le rappel dans tous les quartiers ; les bataillons de la garde nationale se réunissaient et se rendaient à leurs postes. Un coup de fusil est tiré ; le cri : *Aux Armes!* devient bientôt général et l'insurrection est proclamée (1).

Au milieu des désordres causés par le soulèvement du peuple, le rédacteur en chef de l'*Assemblée Nationale* faillit être l'une des victimes emportées par la tempête révolutionnaire. Le journal fut proscrit. Il fallut se soustraire à l'inquisition des brigands. Grâce à des amis puissants qui s'intéressaient à M. Jauffret et à sa jeunesse, il échappa à la déportation. Perlet, l'imprimeur, eut à soutenir un procès ruineux qui dura longtemps.

Qui n'eût pas été découragé après une pareille calamité ! Hélas ! la mauvaise fortune commençait à poursuivre M. Jauffret avec une violence désespérante : elle semblait vouloir le détourner du sentier qu'il avait déjà parcouru ; ce n'était qu'un commencement, d'autres vicissitudes plus grandes devaient l'attendre. Mais quand on a la gloire devant soi, le courage ne manque pas aux labeurs les plus pénibles (2).

Les victoires des armées républicaines inspiraient le plus grand enthousiasme. Les Sociétés populaires se réunissaient pour rendre hommage aux actions éclatantes des défenseurs de la patrie. La *Société nationale des Neuf-Sœurs*, animée du patriotisme le plus pur, ne pouvait manquer de prendre part à ces manifestations. Elle envoya une députation à l'Assemblée : M. Jauffret, membre de cette députation, prononça un discours sur les plus beaux traits de courage, de bravoure et de patriotisme des soldats de la République (3). Ses paroles produisirent la plus grande sensation ; les cris de : *Vive la*

---

(1) Thiers, *Histoire de la Révolution Française.*

(2) Charles Nodier.

(3) Paris, de l'imprimerie de Chaudé. Broch. de 16 p. M. Jauffret s'était pro-

République! les accueillirent. L'orateur reçut l'accolade fraternelle. L'Assemblée ayant arrêté l'impression de ce discours aux frais de la Société, M. Jauffret voulut le faire imprimer à ses frais, désirant que la somme qui aurait été consacrée par la Société à cette impression fût employée à soulager les femmes et les enfants des braves défenseurs de la République.

Ce trait honore ses sentiments et peint son noble caractère. Il réfute aussi les méchantes paroles de Fréron contre le journal de Perlet.

Les Sociétés savantes devinrent bientôt suspectes. Le vandalisme s'acharnait à persécuter la *Société des Neuf-Sœurs*. Elle continuait néanmoins à tenir ses séances, mais des bruits faussement répandus contre elle lui attirèrent une telle animosité, qu'elle en vînt à être considérée comme une ennemie de la République. On ne tarda point à découvrir le dénonciateur ; c'était le monstre qui commandait la force armée de Paris, Henriot !

M. Edmond Cordier donna un démenti formel à la conspiration attribuée à ses collègues, dans une réunion de la Société populaire de sa section. Le patriotisme dont la *Société des Neuf-Sœurs* avait toujours donné des preuves fit tomber tout soupçon. Mais Henriot ne fut pas satisfait. Il fit demander la liste de tous les sociétaires, sous peine de la dissolution de la Société, menaçant M. Cordier de la guillotine et lui enjoignant de rayer de cette liste les *citoyens de Jussieu et Jauffret,* s'il voulait éviter une pareille mesure (1).

posé de former un recueil de toutes les actions héroïques des Français. Ce projet n'eut pas de suite. Il fut réalisé par Léonard Bourdon, conventionnel.

(1) « La résolution que je manifestai de périr plutôt que de me déshonorer, et « l'intérêt que l'assemblée parut prendre à la défense de la vertu attaquée, le « déconcertèrent. Henriot voulut me parler dans la cour ; ce fut là qu'en le « traitant d'assassin, j'eus la preuve qu'avec de la fermeté, on pouvait s'assurer « de la lâcheté des scélérats ». — *Edmond Cordier, agent général, aux Sociétaires,* broch. in-8° de 8 p., de l'Imprimerie française de Mnémozyne, quai des Miramiones.

Pour n'être pas exposés à voir une horde de brigands les assaillir, les Sociétaires renoncèrent à tenir leurs séances et résolurent de se séparer. Ainsi finit la *Société nationale des Neuf-Sœurs,* qui comptait parmi ses membres les savants et les artistes les plus distingués de Paris.

Les événements politiques occupaient la France entière : c'était au commencement de l'année 1793 ; les manifestations sourdes qui éclataient sur tous les points du pays ne tardèrent point à amener une terrible explosion, dont les effets produisirent le régime de la Terreur. Gouvernement épouvantable qui, succédant à la vraie Révolution, fit oublier les bienfaits que celle-ci avait conquis dans nos premières années de liberté. Un procès mémorable auquel on n'en peut assimiler aucun, pas même celui de Charles Stuart, allait se juger devant la Convention Nationale. Toutes les conversations étaient saisies de la grande question qui s'agitait : *Louis XVI était-il coupable de conspiration contre la liberté de la nation et d'attentat contre la sûreté générale de l'Etat?* La solution de cette grave question fut le jugement qui précipita la vieille monarchie dans la tombe, la mort de Louis XVI !

M. Jauffret avait suivi toutes les phases de ce procès ; il avait recueilli les opinions de la Convention Nationale et toutes celles que des particuliers mettaient au jour. Dans le dessein de favoriser une juste et raisonnable curiosité, il mit en ordre ces *opinions,* qu'il publia sous le titre de : *Histoire impartiale du procès de Louis XVI, ci-devant Roi des François* (1).

---

(1) Paris. C. F. Perlet. 1793, 8 v. in-8°. Le savant bibliographe J.-Ch. Brunet fait mention de cet ouvrage dans son *Manuel du Libraire et de l'Amateur de livres.*

Cet ouvrage acquit les suffrages du public ; il est d'une grande utilité pour l'histoire d'une époque mémorable dans les annales de l'esprit humain. L'historien consciencieux y trouvera à glaner des faits précieux et d'une authenticité irrécusable.

L'heure du danger venait de sonner. L'astucieux et hypocrite Robespierre avait lancé sa fronde révolutionnaire, dont les éclats donnèrent le signal d'un second massacre de la Saint-Barthélemy. La France entière était consternée ; les populations s'enfuyaient de toutes parts pour échapper à la main du bourreau.

M. Jauffret, forcé comme tant d'autres de choisir un asile, se retira à Orléans avec deux de ses frères. Il y vécut dans un quartier retiré, ayant pour voisin de retraite un ami, savant aussi aimable que distingué, le célèbre D'Ansse de Villoison, et un spirituel provençal, Laurent-Pierre Béranger, l'auteur des *Soirées Provençales,* qu'on lit encore avec plaisir.

Son séjour à Orléans ne fut pas de longue durée ; il se rendit avec son frère aîné à La Roque-Brussanne.

Dans ce petit village, l'orage révolutionnaire causa peu de ravages ; l'éclair ne fit que passer ; les habitants, d'ordinaire fort paisibles, connaissant les malheurs que la ville de Toulon venait d'essuyer, n'osèrent point tremper leurs mains dans le sang. Le Comité révolutionnaire agissait avec beaucoup de calme, il ne fit point abus du pouvoir qui lui était confié. D'ailleurs, la famille Jauffret avait acquis une telle vénération dans le pays, qu'elle était à l'abri du danger.

A l'époque mémorable du siége de Toulon, M. Jauffret épousait sa cousine germaine Marie-Magdeleine-Dorothée de Ferry-Lacombe (1).

---

(1) Mademoiselle de Ferry-Lacombe appartenait à une ancienne et hono-

Le mariage fut célébré le 8 octobre 1793. Les jeunes époux reçurent la bénédiction nuptiale, cérémonie essentiellement secrète dans ce temps de Terreur, des mains de Gaspard-Jean-André-Joseph Jauffret, frère aîné.

Cette union réalisait le rêve le plus doux de deux êtres qui, dès leur enfance, s'étaient inspirés une mutuelle affection.

Un patriarche de ces paisibles contrées, qui m'est cher à plus d'un titre, me racontait naguères qu'il se rappelait du séjour de M. Jauffret à La Roque-Brussanne. On le voyait souvent, me disait-il, parcourant nos fraîches campagnes, avec un livre sous le bras, s'arrêter à chaque instant devant le moindre accident de terrain, s'extasier devant les beautés que la nature étale à profusion dans nos contrées. Chaque jour, il dirigeait ses pas vers l'habitation rustique de ses ancêtres, située aux alentours du village, au fond d'une délicieuse vallée. Là, sans doute, aimable Jauffret! vous retrouvâtes dans vos occupations littéraires ces douceurs tant vantées que la Providence semble tenir en réserve pour les esprits élevés que la fortune poursuit. Dans cette habitation, il médita le plan de quelques-uns de ces ouvrages qui respirent le parfum que la nature seule a le secret d'inspirer; il écrivit aussi des pages savantes sur l'histoire naturelle de l'homme. A côté de l'habitation était un vieux laurier aux branches vigoureuses et dont l'ombrage protégeait les alentours contre les ardeurs du soleil : c'était le patriarche de la vallée. M. Jauffret paya un tribut à ce témoin de son jeune âge, qui lui rappelait ses vertueux parents, dans des

---

rable famille, originaire d'Italie, connue en Provence depuis le milieu du xve siècle. Benoit de Ferre ou Ferry, un de ses ancêtres, suivit le roi René en 1442. Ce Prince lui accorda plusieurs priviléges en récompense de ses services, par lettres patentes du 19 juillet 1476. Artefeuil. *Histoire héroïque et universelle de la noblesse de Provence.* Avignon, chez la veuve Girard. 1757 in-4°, t. Ier, p. 379.

pages empreintes des sentiments qui honorent ce grand et généreux cœur (1).

J'ai vu, il y a un mois à peine, l'habitation rustique des Jauffret. Le vieux laurier n'est plus, mais des rejetons verdoyants semblent vouloir perpétuer ce cher souvenir : déjà ils répandent de l'ombrage, et le temps, qui détruit tout, protége ces tiges naissantes.

La déchéance du règne de la Terreur, permit à M. Jauffret de retourner à Paris avec son épouse, où de nobles amitiés, des souvenirs glorieux l'attiraient.

Il partit de La Roque-Brussanne le 16 thermidor an II. Une pièce curieuse, un passeport, qui lui fut délivré par le Maire et les Officiers municipaux de la commune dont le nom de Roque-Brussanne avait été changé par celui de *Roque libre*, une pièce, dis-je, me permet de suivre Jauffret dans son voyage et de saisir sa physionomie à l'âge de 24 ans (2).

---

(1) *Charmes de l'Enfance : le Vieux Laurier*, Idylle XIX, p. 65.

(2) Nous reproduisons ici cette pièce qui peint un coin d'une époque mémorable :

« La nation et la loi. — République Française, une et indivisible. — Département du Var. — District de Brignolles. — Municipalité de Roque-Libre, « cy-devant Brussane. »

« Laissez passer et revenir librement Louis-François Jauffret, citoyen français, homme de lettres, natif de cette commune de la Roque-Libre, où il est « marié; âgé de vingt-quatre ans, taille de cinq pieds deux pouces, cheveux « et sourcils châtains, yeux bleus et fatigués, nez un peu aquilain (*sic*), bou- « che moyenne, visage rond et uni. Le dit citoyen nous a requis le présent « passeport pour se rendre à Montceaux, département de Seine-et-Oise, et à « Paris pour diverses affaires de famille.

« Nous Maire et Officiers municipaux de cette commune, connaissant le « patriotisme de notre concitoyen, et l'ayant toujours reconnu pour un sincère « républicain, nous lui avons unanimement accordé le présent passeport; nous « prions en conséquence les autorités constituées de le laisser aller et revenir

Un motif puissant avait engagé M. Jauffret à se rendre à Paris : l'éducation de deux de ses plus jeunes frères qui étaient alors à Monceaux, et dont il était chargé par suite de la mort de son père et de sa mère.

Son voyage de la Roque-Brussanne à Paris est semé d'épisodes; esprit observateur, il avait noté ses impressions. J'ai sous les yeux des pages manuscrites qui ont beaucoup d'intérêt: descriptions abondantes de sites, remarques sur l'histoire naturelle, observations sur les mœurs, écrites au courant de la plume, en chaise de poste. Ces lignes nous révèlent un côté saillant du caractère de M. Jauffret, ou plutôt de son esprit: il avait la bonne habitude de composer en présence du modèle, et ses livres sont semés d'observations non-seulement piquantes mais vraies.

A Avignon, il éprouva de grandes difficultés pour continuer sa route, les chevaux avaient été pris par les députés qu'avait envoyés à la Convention la société populaire et montagnarde.

A son arrivée à Paris, M. Jauffret s'installa rue de Vaugirard, n° 1201, derrière l'Odéon.

Éloigné du monde, uni à une femme qu'il adorait et qui était douée des qualités qui sont l'apanage des nobles cœurs,

---

« sans lui faire ni souffrir qu'il lui soit fait aucun empêchement, et a signé « avec nous. Délivré à la maison commune de la Roque-Libre, ci-devant Brussane, ce 16 thermidor l'an second de la République française une et indivisible. — (Signé) L.-F. Jauffret; Ollivier, maire; Revest, officier municipal; « Simon, A.-N.— Par amandement, Roubaud, secrétaire greffier, p[re]. Vu par « le Comité Révolutionnaire de la commune de Roque-Libre cy-devant Brussane, qui déclare que le citoyen Louis Jauffret a toujours professé des sentiments républicains, qu'il a été reconnu constamment patriote, que ses « principes et ses sentiments révolutionnaires n'ont point varié, et qu'il mérite « la confiance de tous les citoyens. Le Comité atteste, au surplus, la solidité « des motifs du voyage du citoyen Jauffret. Fait au Comité le sextidi, 16 thermidor an deuxième de la République française une et indivisible. — (Signé) « L.-A. Ollivier, président; Reymonenq; Bremond; Laugier; B. Bosq; Dupuis, « et A. Roger S[re] ».

il était le plus heureux des hommes. Madame Jauffret était un modèle de vertu ; le monde n'avait pour elle aucun attrait, ses goûts et ses plaisirs étaient tout domestiques et intérieurs ; elle ne concevait pas de plus grand bonheur pour des époux, que celui de leur intimité.

Sous l'inspiration de cette aimable femme, M. Jauffret abandonna la politique et se dévoua à ce genre de littérature peu brillant, mais utile, qui a pour but l'instruction de la jeunesse.

Les crimes de cette époque impressionnèrent si vivement sa jeune imagination, qu'il éprouva une répulsion invincible pour les agitations des partis. Il se sépara des hommes, et pendant l'été il habitait une paisible retraite aux environs de Paris. Peintre et ami de la nature, il suivait les sentiers où avaient marché avant lui les Pluche et les Bonnet.

Meudon, Monceaux, Bellevue, Versailles, Choisy, St-Germain, à vous de nous peindre le Jauffret de ce temps-là ! C'est dans les allées sinueuses de vos bois, au sein de vos campagnes qu'il sentit les premières inspirations de cette douce poésie du cœur dont le charme naïf se reflète dans ses productions ! Content de son obscurité, il méditait sur sa destinée et se livrait à la contemplation de la nature. Dans ces lieux favoris, il conçut aussi la première idée de ses méditations sur l'histoire naturelle de l'homme, à laquelle il semblait devoir occuper sa vie entière ; car, dès ce moment, il s'attacha avec ardeur à cette étude si importante, sans autre motif que le zèle de la science, le désir de rendre l'homme meilleur par la connaissance de lui-même. On verra plus loin l'impulsion qu'il sut donner à une science, si intéressante, mais jusque-là négligée.

Le séjour à la campagne, si nécessaire aux travaux de l'esprit, faisait ses délices. « Comme tout est calme autour de moi « dans ce vallon ! — s'écriait-il sous les ombrages majestueux « du parc de Versailles. — Oh ! qu'elle est douce la paix des « champs ! qu'il est délicieux le calme d'un soir d'été ! Cam-

« pagnes riantes, vous faites le bonheur de ma vie.... Que « d'autres briguent le sourire de la fortune et enchaînent leur « liberté au char de l'ambition ! qu'ils achètent au prix de leur « repos une vaine renommée ! Pour moi, j'ai vécu et je vivrai « content au sein des campagnes riantes. C'est là que j'ai « chanté la naïveté, la candeur de l'enfance et la douceur des « liens du sang : là aussi j'ai médité sur ma destinée, et je « me suis voué à l'étude de l'homme.... ».

Pratiquant cet excellent principe d'Horace qui plaçait le bonheur dans une douce médiocrité, doué d'un jugement droit, il était insensible aux orgueilleuses passions de l'homme ; l'expérience lui avait inspiré, du reste, la plus complète indifférence pour les clameurs de la place publique. Désormais, il s'occupa plus particulièrement d'œuvres destinées à l'enfance.

La culture des lettres et des sciences, qu'il aimait avec passion, le payèrent bientôt de son amour. Reçu avec faveur dans les Sociétés savantes et littéraires de Paris, notamment à l'*Athénée des Arts*, aux *Sociétés Philomatique* et *Philotechnique*, qui réunissaient l'élite des savants, des littérateurs et des artistes, Jauffret se fit remarquer par ses connaissances étendues en philosophie, en physique, en géographie et en histoire naturelle. Lié d'amitié avec tous les savants illustres, il occupait, quoique bien jeune, une haute position dans le monde littéraire et scientifique.

Une mort imprévue troubla un moment sa félicité, et vint lui enlever son meilleur ami, celui dont le caractère avait le plus de rapports avec le sien, le sensible Florian. Il eut la consolation d'assister à ses derniers moments et de verser sur son tombeau les larmes de la reconnaissance et de l'amitié. La douleur que cette séparation fit éprouver à Jauffret, fut profonde ; elle est exprimée noblement dans des *stances* faites sur sa tombe, qui prouvent combien était grande son affection pour l'aimable poëte. Chargé par la famille de Florian de mettre en ordre ses manuscrits, Jauffret donna une édition de ses *Œuvres posthumes* et rédigea une notice sur sa vie, dans laquelle il s'expliqua sur ses *Fables* avec toute l'admiration qu'elles lui inspiraient. Son opinion fut dès lors adoptée par les connaisseurs, car la grande réputation des Fables de Florian ne commença guère que quelques années après sa mort.

Diverses œuvres de Jauffret qui ont autant honoré son esprit que son cœur, virent le jour dans les dernières années du dix-huitième siècle.

C'est à ce moment qu'on doit se placer pour faire une juste appréciation du talent de l'écrivain, et si l'on veut surtout porter un jugement sur ses ouvrages, il est logique de considérer le temps où ils furent écrits. Notre intention n'est pas de les comparer aux ouvrages qui, de nos jours, sont entre les mains de la jeunesse, notre but serait manqué. Mais ne devons-nous pas faire ressortir le mérite d'un auteur qui, dans le déchaînement des passions, au milieu des bouleversements de toute sorte, sacrifia son existence à l'instruction, en vulgarisant les études vraies? A ce point de vue, il me paraît intéressant de faire connaître son œuvre.

Je citerai parmi ses livres, ceux dont le succès fut justifié par le témoignage des enfants eux-mêmes et par la reconnaissance des familles :

Les *Romances historiques et pastorales*, mises en musique par Méhul, Berton, Bruni et Plantade. La poésie en est élégante et facile, la facture des vers remarquable.

Les *Merveilles du corps humain*, charmant ouvrage donnant les notions les plus claires et les plus utiles sur l'anatomie. Le *Mercure de France* (1), rendant compte de ce livre, le jugea

---

(1) Tome XVII, 23 juin 1804, article signé: G. (GINGUENÉ).

d'une manière sévère, mais c'était déjà beaucoup qu'il méritât d'être critiqué par un tel organe.

Le *Théâtre des Familles*, drames et comédies semés d'observations piquantes, de réflexions spirituelles qui ont le mérite de frapper vivement les jeunes imaginations.

Les *Voyages de Rolando et de ses compagnons de fortune autour du monde.* C'est un cours amusant et instructif d'histoire naturelle, de géographie, de littérature et de morale, sous la forme d'un conte.

Le *Courrier des Enfants et des Adolescents*, consacré à l'instruction de la jeunesse, faisant suite à l'*Ami des Enfants* de Berquin.

Le *Voyage au Jardin des Plantes, de Paris.*

M. Jauffret semblait avoir ravi le pinceau de Berquin. Ces ouvrages lui procurèrent, outre la gloire qu'il ambitionna toute sa vie, le suffrage des amis de la nature. De tous les points de la France, de l'Étranger même, le *Nouvel Ami des Enfants* recevait les félicitations les plus sincères, les encouragements les plus flatteurs. Un abonné au *Courrier des Enfants*, M. Grellety, écrivait à M. Jauffret, de Cadillac-sur-Garonne: « Je ne puis vous taire, tendre ami des enfants, que la lecture « de vos ouvrages m'a fait goûter de bien douces jouissances, « et me porte à aimer de toute mon âme leur sensible auteur ».

Dans une autre lettre, M. de Clerq, homme de loi, s'exprimait ainsi: « Dépourvus de toute sorte de maîtres, nous som- « mes obligés d'instruire nous-mêmes nos enfants. Le zèle « que vous témoignez pour l'instruction de vos jeunes amis « me fait espérer que vous ne me refuserez pas le catalogue « de vos livres relatifs à l'éducation ».

Qu'ils sont précieux ces témoignages d'estime et de sympathie! Combien ils honorent la mémoire de l'*Ami des Enfants!* Qui n'eût pas aimé M. Jauffret? Son amabilité, le ton affectueux de ses paroles lui conciliaient tous les cœurs; et la douceur empreinte sur sa physionomie inspirait la sympathie. Une de ses grandes qualités était une certaine bonté naturelle, « cette « vertu de l'humanité qui fait tant d'honneur à l'homme (1) »

Toute son attention s'était dirigée vers la jeunesse et la science de l'homme, et ses plaisirs consistaient à vivre parmi les enfants, ou à se retirer, loin du tumulte et du bruit des affaires, dans le silence de son cabinet, pour donner son temps à la littérature et au perfectionnement de ses études scientifiques et morales. Combien de fois ne le vit-on pas, entouré de jeunes gens, jouer avec les plus jeunes, leur raconter des histoires et des voyages! Combien il était heureux lorsqu'il pouvait leur offrir une nouvelle production de sa féconde imagination! Ce bonheur, il l'a exprimé lui-même dans sa préface du *Voyage au Jardin des Plantes*, où son caractère se révèle tout entier :

« J'ai vu les mœurs du premier âge, et mon cœur a voulu « les peindre. Il entrait dans mes vues de ne m'occuper de ce « travail qu'en passant ; mais à peine eus-je publié des Idylles « sur l'enfance et l'amour maternel, que les enfants, devenus « mes amis, me demandèrent des contes ; et il fallut bien leur « en faire. Ils se sont ensuite familiarisés davantage ; ils m'ont « demandé de rédiger pour eux, comme autrefois Berquin, un « journal rempli de contes, d'anecdotes, de petits drames à « leur portée : je l'ai fait encore. La carrière que j'ambitionne « de parcourir est toujours présente à ma pensée : je la suis « toujours, quoique lentement ; mais la gloire d'écrire un jour « pour l'âge mûr ne me rend pas insensible au plaisir d'écrire « pour la jeunesse ; et, quand un ouvrage utile pour elle s'offre « à mon imagination, je le compose à l'instant pour lui en « faire hommage ».

(1) MONTESQUIEU. *Œuvres diverses.*

La naissance du premier de ses fils, Louis-Daniel-Adolphe Jauffret, lui inspira des stances charmantes, publiées dans le *Courrier des Enfants*, et dont le sentiment de sensibilité reçut un accueil chaleureux de ses abonnés, surtout parmi les femmes. Nous mettons sous les yeux du lecteur cette poétique composition du cœur :

Aimable enfant, précieux gage
De l'hymen le plus fortuné!
Au bonheur, dès ton premier âge,
La nature t'a destiné.

A peine un faible jour éclaire
Ton regard encore incertain,
Chacun t'aime, et ta jeune mère
Ne t'exile pas de son sein.

Jadis, au pied d'un pin sauvage,
Je me disais en soupirant:
Si je pouvais sous le feuillage
Caresser un aimable enfant!

Tu nais, et mon âme ravie
Sent toute sa félicité:
Le plus doux rêve de ma vie
Devient une réalité.

Bientôt d'une claire verdure
Les bosquets seront couronnés ;
Je verrai toute la nature
Sourire à tes yeux étonnés.

De l'hirondelle familière
Le ramage plein de douceur
Appellera sur ta paupière
Un doux sommeil pur à ton cœur.

Jaloux de voir le jour éclore,
Le berger fixe l'horizon;
Tel je veux épier l'aurore
Qui précédera ta raison.

Aux jeux naïfs de ton enfance
Je me mêlerai quelquefois ;
J'éclairerai ton ignorance
Au milieu des prés et des bois.

Ah ! puisses-tu, tendre et sincère,
Aimer toujours ta mère et moi !
C'est un devoir d'aimer un père,
Que ce soit un plaisir pour toi !

S'il est vrai de dire qu'il appartient au public de juger les œuvres d'un écrivain et que c'est aux impressions favorables de la masse qu'on reconnaît le mérite du littérateur, je puis affirmer, sans crainte d'être démenti, que les œuvres de M. Jauffret ont eu un grand retentissement. Pendant plusieurs années, le *Courrier des Enfants et des Adolescents*, traduit dans les principales langues de l'Europe, a fait les délices de tous.

Il est plus difficile qu'on ne pense généralement, d'instruire les enfants en les amusant. La plupart des écrivains contemporains de Jauffret, beaucoup aussi des écrivains de nos jours qui se sont occupés de l'enfance (il y a d'honorables exceptions), m'ont paru pêcher du côté de la naïveté et de l'originalité. Les uns, oubliant la classe de lecteur pour laquelle leurs ouvrages étaient destinés, ont faussé leur mission en ne demandant que le suffrage des lecteurs capables de goûter leur talent. Les autres, plus dangereux, ont laissé percer dans leurs écrits les tristes effets du courant matériel et sensualiste de notre époque, cachés sous le voile d'un style qui me porte à dire, avec le fabuliste Le Bailly :

« Ne jugeons pas toujours sur un dehors trompeur ».

Eh bien ! ces écrivains se trompent ! Pour parler à l'enfance, il faut un langage simple, naïf, familier, qui puisse attacher le jeune lecteur ; il faut, en un mot, se mettre à la portée des intelligences neuves, et, surtout ne pas enfreindre les lois de la morale. Cela n'exclut point la pureté et l'élégance du style, double condition imposée à l'écrivain qui veut faire goûter ses idées.

Sous bien des rapports, les ouvrages de M. Jauffret se distinguent d'une manière spéciale des autres productions du même genre. Mieux que personne, il comprit sa mission ; chez lui « tout est clair, simple, naturel ; la science la plus « abstraite est mise à la portée de ses jeunes lecteurs ; il ne « s'efforce point de les élever jusqu'à lui, il descend jusqu'à eux, « chose si rare et si difficile. Il n'a obéï qu'à un désir, celui « d'être utile, et il a su en même temps être agréable (1) ». Il ne manquait pas de rivaux dans son art. Campe, le Berquin allemand, avait écrit pour l'enfance et la jeunesse des ouvrages pleins d'intérêts ; Bouilly s'était fait connaître également par des écrits où l'on remarque une morale pure et une exquise sensibilité : c'était un parallèle difficile à soutenir. Eh bien ! hâtons-nous de le dire, M. Jauffret balança la renommée de Campe et de Bouilly, et leur fut bientôt supérieur.

En 1798, M. Jauffret conçut l'entreprise d'une *Collection de livres élémentaires*, embrassant les connaissances les plus variées, destinées à l'enfance et à l'adolescence. Il l'annonça par un *Prospectus* dans lequel il a su peindre et sa noble indépendance et le bonheur dont il jouissait en se consacrant à l'instruction de la jeunesse.

« Dégagé de toute ambition, dit-il, étranger par con- « séquent à l'intrigue, je me suis fait comme un monde à part

---

(1) GASTON DE FLOTTE. *Essai sur l'état de la littérature à Marseille.* Paris, Audin, 1836, 1 v. in-8°, p. 212.

« au milieu de la société. Mes amis sont les enfants. Depuis
« longtemps les pères de famille, et tous ceux qui s'occupent
« avec intérêt de l'éducation des enfants, soupirent après un
« recueil de bons livres élémentaires. Les ouvrages de ce genre
« qui existent, sont en petit nombre, et si imparfaits, que leur
« usage est fort souvent beaucoup plus dangereux qu'utile.
« Ils ont été composés par des hommes qui, n'ayant ni assez
« aimé, ni assez observé l'enfance, n'ont eu ni la volonté, ni
« le pouvoir de se mettre à la portée de cet âge, de parler sa
« langue, d'écarter les ronces de sa route et de se mêler à ses
« jeux pour mieux réussir à l'instruire.... ».

La tâche que M. Jauffret s'était imposée était immense, trop lourde pour un seul homme. Il s'adjoignit son frère aîné dont il avait été, en quelque sorte, l'élève chéri. Ces deux frères, unis par les liens du sang autant que par les sentiments du cœur et la conformité des principes qu'ils avaient puisés au sein de leur vénérable famille, confondaient alors leur existence; également confiants, ils se consultaient sur les écrits qu'ils devaient publier.

L'*Art Épistolaire* ou *Dialogues sur la manière de bien écrire les Lettres*, fut la première production de cette collaboration fraternelle. Écrit avec beaucoup de sens et de goût, cet ouvrage, qui manquait alors à l'éducation de la jeunesse, obtint un véritable succès. Sa lecture n'est pas sans intérêt pour l'âge mûr. Rédigé sous la forme du dialogue, il a l'avantage d'intéresser autrement que la forme didactique, en mettant le discours en actions. Un père est à la campagne avec ses enfants : il se charge de les instruire lui-même dans l'art de bien écrire; plusieurs jeunes amis sont admis aux études de leurs camarades. Cet excellent père, après avoir exposé les préceptes et exigé l'application, fait faire à ses enfants la connaissance d'abord des anciens modèles grecs et romains, et ensuite des épistolaires modernes, tour à tour prônés ou critiqués par l'un des interlocuteurs.

C'est un ouvrage complet dans son genre, et les dialogues sont semés d'épisodes et de réflexions en même temps graves et souriantes, qui ont le mérite d'instruire en amusant.

L'Art Épistolaire fut suivi des *Paroles mémorables des grands hommes de l'antiquité et des temps modernes*, et du *Dictionnaire étymologique de la Langue française.*

Là s'arrêta l'entreprise de cette collection de livres élémentaires : l'*Ami des Enfants* eut à s'occuper de travaux d'une plus grande portée.

Possédant plusieurs langues qu'il parlait avec facilité, son esprit aussi souple que vaste se pliait à tout ; aucune science ne fut étrangère à M. Jauffret, il était organisé pour les comprendre toutes.

Littérateur aussi savant qu'habile , de concert avec le professeur allemand Weiss, il traduisit les meilleures pièces du *Théâtre* de Kotzebue, célèbre auteur dramatique allemand, victime de l'étudiant Carl Sand. Ces pièces obtinrent sur la scène française un très-grand succès. Elles sont imprégnées en même temps de cette sensibilité profonde qui, seule, a peut-être le secret de faire verser des larmes, et de cette piquante originalité qui est le sourire de la joie. Qui n'a vu jouer, qui n'a lu les *Deux Frères ou le Médecin conciliateur*, ce drame si souvent applaudi, et dans lequel Kotzebue a su peindre le cœur humain avec une vérité saisissante ?

Nous arrivons à l'époque la plus importante de la vie de M. Jauffret, celle où il se dévoue à la science. Esprit éclairé, il avait senti naître en lui ces sentiments élevés qui inspirent à l'homme le désir de se rendre utile en vulgarisant, en développant les saines doctrines de la morale et les connaissances qui contribuent au bonheur de l'humanité.

Toutes les *Biographies générales* (1) ont consacré une notice à M. Jauffret. Mais peu de biographes ont fait autre chose que mentionner simplement cette période de sa carrière, qui est la plus intéressante. Il me paraît donc utile d'entrer dans quelques détails.

C'était au temps du Consulat. Les sciences prenaient un nouvel essor, les savants avaient particulièrement porté leurs regards vers la connaissance de l'homme. Nos troubles politiques, loin de décourager les vocations dans cette carrière, avaient inspiré le désir de s'y réfugier. « Lorsque les passions « intestines, dit un grand écrivain de ce temps, mettent le dé- « sordre dans toutes les idées morales... les penseurs, repous- « sés de toutes parts par la folie de l'esprit de parti, s'at- « tachent à l'étude ; l'esprit humain qui serait peut-être « tombé dans la décadence, s'il n'avait eu que les querelles « des factions pour aliment, l'esprit humain se conserve « par les sciences... (2) »

M. Jauffret, saisissant le moment favorable pour parvenir au but qu'il s'était proposé, de développer un jour ses observations sur l'histoire naturelle de l'homme, attira l'attention des savants sur cette science. Il réunit ses amis jusque-là dispersés par l'ouragan révolutionnaire, et leur soumit le plan d'une société qui aurait pour but de stimuler le zèle des savants et de réveiller dans leur esprit le goût d'une science digne d'intéresser les amis de l'humanité : la science anthropologique.

---

(1) Notamment : Michaud, Didot, Weiss, Rabbe, Jouy, Jay, de Norvins, etc.

(2) Madame de Stael-Holstein, *De la Littérature, considérée dans ses rapports avec les Institutions sociales*, t. II, p. 179. Édition Crapelet.

Cette idée généreuse, supérieurement développée, fut accueillie avec enthousiasme et la réalisation fut immédiate. Quelques amis de la saine philosophie se réunirent pour donner de l'ensemble à leurs travaux, et fondèrent la *Société des Observateurs de l'Homme* (1).

Ces hommes pleins de zèle, dégagés de toute fausse ambition, ces hommes uniquement jaloux d'étudier avec plus de soin leur propre nature, s'étaient imposés de grands devoirs par la création de cette Société ; la tâche glorieuse qu'ils

---

(1) Cette Société fut établie dès le commencement du siècle et dissoute en 1805. Nous donnons ici les noms des Fondateurs et des principaux Membres. *Fondateurs.* MM. l'abbé Sicard, successeur de l'abbé de l'Épée, directeur de l'Institution des Sourds-Muets ; Joseph de Maimieux, inventeur de la *Pasigraphie ;* Savinien Le Blond, inventeur d'un télégraphe, littérateur et naturaliste ; Louis François Jauffret, André Jauffret, son frère, savant prélat ; Lerminier, astronome ; La Chaussée ; Bonnefoux ; Portalis fils ; le duc Mathieu de Montmorency. — *Membres.* Patrin, minéralogiste ; Nicolas Baudin, capitaine de vaisseau et naturaliste ; Pinel, célèbre médecin aliéniste ; Bouvier, savant médecin, protégé de Buffon ; Moreau de la Sarthe, médecin ; Michaux (André), voyageur et botaniste ; Dolomieu, géologue et minéralogiste ; Deleuze, bibliothécaire du Muséum d'Histoire naturelle ; les philologues : Larcher, d'Ansse de Villoison, Coray ; Millin, archéologue ; Bougainville, navigateur célèbre ; Cabanis, médecin et physiologiste ; Thouret, adversaire de Mesmer ; Volney, auteur des *Ruines* ; Lassus (Pierre), habile praticien ; Papon, historiographe de Provence ; Charles, physicien ; Pfeffel, jurisconsulte et publiciste ; Ramond, auteur du *Voyage au Mont-Perdu ;* de Fleurieu, de l'Institut ; Bourlet de Vauxcelles, littérateur ; La Romiguière, philosophe ; Sylvestre de Sacy, orientaliste ; marquis de Pastoret ; comte Faure, jurisconsulte, l'un des principaux auteurs du Code Napoléon ; Marcel, directeur de l'Imprim. nat. ; Bouchaud, professeur de Droit au Collège de France ; Pierre Sue, professeur de médecine ; Palisot de Beauvois, botaniste ; Levaillant, voyageur et naturaliste ; Laurent de Jussieu, célèbre botaniste ; Hallé, célèbre hygiéniste ; Delaunay, minéralogiste ; Butet de la Sarthe, grammairien ; baron Walckenaer ; Lair, agronome et philanthrope ; de Gerando, philanthrope ; Jean-Baptiste Clair Jauffret, frère des précédents, instituteur des Sourds-Muets ; les deux Cuvier ; Duméril, zoologiste ; comte de Lacépède ; Lamark, zoologiste ; Daudin, naturaliste ; Lacroix, savant mathématicien ; Alexandre Brongniart, minéralogiste ; Étienne Geoffroy-Saint-Hilaire — Ces indications sont d'une authenticité irrécusable ; elles sont puisées dans les registres tenus par la *Société des Observateurs de l'Homme,* manuscrits autographes de Jauffret, signés de lui et des membres présents aux séances.

s'étaient imposée dans le silence des passions était immense ! Mais ils furent bientôt récompensés de leurs sacrifices. Leur association obtint les suffrages des amis des sciences et fut honorée de la plus vive sympathie (1) : les savants les plus recommandables par leurs talents et par leurs qualités demandèrent leur admission à la *Société des Observateurs de l'Homme*. Parmi eux on en comptait plus d'un dont le nom seul faisait l'éloge.

Les connaissances, objets des études de la Société, étaient divisées en trois branches : *l'Homme physique*, comprenant l'Anatomie et la Physiologie, la Médecine et l'Hygiène ; *l'Homme au point de vue moral* et l'*Homme au point de vue intellectuel ;* ces deux divisions embrassaient : l'histoire, les voyages, l'idéologie, la morale, les langues, l'éducation, les sciences politiques, la jurisprudence.

Quelle perspective plus belle, et en même temps plus grande, que celle de rendre l'homme meilleur en dirigeant ses regards sur lui-même et en lui offrant, dans l'union de la philosophie et de la morale, des sources de bonheur que d'autres guides promettent en vain ! On ne pouvait qu'être touché du noble but que la Société se proposait d'atteindre, et éprouver de l'estime (2) pour une réunion de savants dont

---

(1) « Sans chercher à établir de parallèle ou à supposer quelque rivalité entre « le grand nombre de Sociétés savantes ou littéraires qui se pressent, se heur- « tent, pour trouver place sur le mont sacré, il est permis de croire que si, au « lieu de vouloir toutes tendre à tout, chacune d'elles savait se frayer un sentier « qui lui fût propre, elles trouveroient de bien plus grands avantages dans des « efforts constamment dirigés vers un but spécial.

« C'est cette unité d'intention que professe la nouvelle Société qui vient de se « former dans le même hôtel de La Rochefoucault, où l'auteur des *Maximes* « médita si bien les secrets du cœur humain ». — *Société des Observateurs de l'Homme*. Art. inséré dans le T. Ier, p. 408-409, 6me année (1800), du *Magasin Encyclopédique* de L. A. Millin.

(2) Lacépède, dans son discours d'ouverture du cours de zoologie de l'an IX ,

les qualités individuelles suffisent à détruire les plaisanteries de mauvais goût, les méchancetés de l'ignorance présomptueuse, qu'on retrouve dans certaines feuilles parisiennes qui ont tourné en dérision la société des *Observateurs de l'Homme* (1).

Dès la première réunion de la Société, M. Jauffret, recommandable par son zèle et déjà *naturaliste très-distingué, avantageusement connu en France et dans l'Étranger* (2), fut appelé au Secrétariat perpétuel par les suffrages unanimes de ses collègues. Il vint alors s'installer dans le local choisi par la Société pour tenir ses séances, Hôtel de La Rochefoucault, rue de Seine, Faubourg St-Germain : cette habitation facilitait ses travaux et lui permettait de satisfaire, avec toute l'ardeur dont il était capable, aux exigences que commandait l'importance de ses fonctions.

---

sur l'histoire des races ou des principales variétés de l'espèce humaine, s'exprimait ainsi :

« Nous allons tâcher de répandre quelques lumières nouvelles sur un des « objets les plus dignes de l'attention du naturaliste : nous allons nous occuper « de l'homme.... Quel moment plus favorable pour parvenir à ce but, que « celui où les sciences prennent une direction plus particulière vers la connois- « sance de l'homme, où des naturalistes, des voyageurs, des philosophes du « premier ordre, viennent de se consacrer à son observation (ils viennent de « fonder la *Société des Observateurs de l'Homme)*, et où la fameuse sentence « des sages de la Grèce : *Connois-toi toi-même*, est devenue l'honorable devise « de leur illustre association ! » — LACÉPÈDE, *Discours d'ouverture du Cours de Zoologie de l'an IX*. Paris, de l'Imprimerie de Plassan ; in-4° de 31 p.

(1) Lemontey parodia la *Société des Observateurs de l'Homme* dans un opuscule qui a pour titre : *les Observateurs de la Femme*. A la page 2 de l'Avertissement de ses Œuvres complètes, il fit amende honorable de sa peccadille. « Je donnai, dit-il, les *Observateurs de la Femme,* où la plaisanterie « prenait les proportions de la folie. »

(2) SCHMIDING. Préface de la 3e édit., en allemand, des *Charmes de l'Enfance*. — Il était en rapport avec une foule de savants et de voyageurs ; sa position d'*Agent pour la partie des Sciences,* de la *Compagnie de l'Afrique intérieure,* lui valut des communications intéressantes sur la géographie, sur les mœurs des peuples, sur les plantes et sur les animaux de cette contrée. V. *les Siècles littéraires de la France*, par Desessarts et autres. T. IV, p. 22-23. Paris, chez l'auteur, 1801.

Sur le rapport de M. Jauffret, l'illustre Association des *Observateurs de l'Homme*, pour me servir de l'expression de Lacépède, prit pour devise la sentence des sages de la Grèce, et pour exprimer aux yeux le but que la Société se proposait dans ses travaux, M. Jauffret chargea un peintre distingué, Monnet, de l'Académie de peinture, de faire un dessin pour le sceau et les diplômes. L'original de ce dessin est en ma possession ; il représente le vestibule du temple de Delphes, où se trouvaient, suivant l'auteur d'*Anacharsis*, de petits autels et des vases d'eau lustrale ; et sur les murs duquel étaient gravées des sentences telles que celles-ci : *Connais-toi toi-même ! Que nul n'entre dans ce lieu s'il n'a les mains pures !* L'artiste a représenté un vénérable vieillard qui fait remarquer à un jeune homme la première de ces sentences. L'attitude des deux personnages est parfaitement saisie et forme un tableau rempli d'intérêt.

Les séances publiques de la *Société des Observateurs de l'Homme* attiraient un grand concours de savants et de littérateurs célèbres. M. Jauffret prononça dans ces diverses réunions une suite de discours, où se montrent la variété de ses connaissances et l'étendue de son savoir, où l'on remarque la plus heureuse alliance des sciences et des lettres.

Chargé par la Société de déterminer la série des observations que pouvait fournir, au point de vue physique, moral et intellectuel, un jeune Chinois arrivé à Paris, abandonné dans un hôpital, M. Jauffret s'acquitta de sa mission avec succès, et lut un rapport dont les vues droites, attirèrent l'attention d'un auditoire d'élite, toujours sympathique aux lectures de notre aimable savant.

Je ne puis résister au plaisir de faire connaître au lecteur une fête donnée vers le même temps par la *Société des Observateurs de l'Homme*.

Cette Société avait conçu le projet d'un voyage, dans le but d'aller étudier les productions et les mœurs des habitants de la Nouvelle-Hollande. Au milieu du fracas de la guerre, le gouvernement avait cédé aux vœux des amis de la science et particulièrement aux sollicitations des *Observateurs*.

Un homme d'un mérite éminent et d'un courage égal à son mérite, avait contribué à faire réussir le plan de cette expédition; cet homme, c'était Levaillant. L'intrépide capitaine Baudin, nommé commandant en chef de l'expédition, chargea M. Jauffret de demander à la Société des instructions particulières sur les recherches à faire relativement à l'homme des diverses contrées qu'il allait explorer. Sur la proposition de son secrétaire perpétuel, la Société nomma MM. Hallé, Cuvier, Sicard et de Gérando, commissaires chargés de rédiger les instructions demandées (1).

Avant le départ du *naturaliste* et du *géographe*, mis par le gouvernement à la disposition du capitaine Baudin, la Société donna un banquet d'adieu, auquel assistèrent les membres de l'Institut. Le capitaine Baudin était placé entre Levaillant et l'illustre Bougainville. Venaient ensuite Louis-François Jauffret, de Jussieu, Jean-Baptiste-Clair Jauffret, Fourcroy, de Maimieux, Hallé, Lerminier, Bissy, astronome, Millin, Le Blond, etc. Les toast portés à cette occasion furent soutenus par une brillante harmonie exécutée par la musique de la garde des Consuls.

---

(1) Nous devons rectifier ici une erreur. M. G. T. Villenave, dans son *Éloge historique* de Lacépède, dit aux *notes supplémentaires*, que « M. de Lacépède « rédigea les *instructions* qui furent remises au capitaine Baudin, quand il par- « tit pour son voyage si célèbre dans l'histoire des sciences naturelles... » La vérité est que ces *instructions* furent rédigées par Hallé, Cuvier, Sicard et de Gérando. Il serait possible que Lacépède ait pris part à cette rédaction, mais alors c'est à un autre titre. *Rapport* (autographe) par Jauffret *au sujet du voyage scientifique du capitaine Baudin*, nommant les rédacteurs des *Instructions*. — *Considérations adressées au capitaine Baudin sur les méthodes à suivre dans l'observation des peuples sauvages*, par de Gérando, in-4°, imprimé.

Un artiste du *Théâtre des Arts*, Brielle, chanta une ariette, dont les paroles, dues à la plume de Jauffret, furent couvertes de bravos :

Vous quittez aujourd'hui la France,
Mais vous emportez tous nos vœux ;
Et déjà vos succès heureux,
Partout sont applaudis d'avance.
Sur les cœurs de tous les mortels,
    Votre gloire se fonde :
Il n'est point de pays au monde
Où le savoir n'ait des autels.

Au moment de quitter la table, on s'aperçut qu'un tout petit jeune homme avait profité de la durée du repas pour fixer, par son crayon, les traits du capitaine Baudin. C'était Joseph Jauffret, frère du secrétaire, qui étudiait alors la peinture dans l'atelier du grand Louis David.

O quelles sont touchantes ces fêtes de la science ! qu'il est doux d'être animé du désir de contribuer au bien de l'humanité ! Illustres savants, dans ces réunions intimes, vous oubliiez le spectacle odieux qu'offraient alors les horreurs de la guerre, pour vous livrer à l'étude !. . .

M. Jauffret, on le voit, était autant naturaliste que littérateur ; on a pu s'en convaincre par l'énumération d'une faible partie de ses travaux que je viens de mentionner. Savant modeste, il a écrit des livres qui eurent dans leur temps un réel succès. Ils ont le mérite de présenter la science avec beaucoup de clarté, sans prétention, et toujours avec un certain charme dans le style. « Or, les sciences « gagnent beaucoup à être traitées d'une manière ingénieuse « et délicate ; c'est par là qu'on en ôte la sécheresse, qu'on « prévient la lassitude, et qu'on les met à la portée de « tous les esprits (1) ».

(1). Montesquieu. *Œuvres diverses.*

Nous ne chercherons pas à faire l'analyse des productions scientifiques de M. Jauffret, que le progrès du temps a dépassées; nous nous bornerons à en citer les titres :

Le *Spectacle de la Nature*, de Noël Pluche, mis au niveau des connaissances actuelles (1).

La *Zoologie universelle* ou *Dictionnaire des animaux*, de Pl. A. Fid. Ray, avec des suppléments par Jauffret.

La *Zoographie des diverses régions*, tant de l'ancien que du nouveau continent, avec un atlas (2).

Les *Éléments de Zoographie* ou l'histoire des animaux, classés d'après le plus ou moins d'étendue des régions qu'ils occupent sur le globe.

M. Jauffret, à peine âgé de 30 ans, père de trois enfants, dont une fille, voyait se réaliser le bonheur que son cœur avait rêvé. Quelle douce et constante sérénité régnait dans son intérieur ! Aux heures des repas, les seules à peu près qu'il pût consacrer à sa famille, il était tout à la gaieté, provoquant la plaisanterie, et riant toujours de bon cœur. Il entretenait les meilleures relations avec ses frères qui partageaient ses travaux. C'étaient aussi des hommes d'élite qui ont laissé, dans le monde de l'intelligence, des traces qui ne doivent pas périr : nous esquisserons plus loin leur biographie.

L'affection que Louis François Jauffret portait à ses intéres-

---

(1) La 1re édition de cet ouvrage offre une particularité intéressante. Elle est dédiée par Jauffret à son ami Faure, membre du Tribunat et de la *Société des Observateurs de l'Homme* l'un des principaux rédacteurs du Code Napoléon, propriétaire de la maison de campagne que Pluche habitait à Ivry, et dans laquelle il composa son *Spectacle de la Nature*. C'est aussi dans cette même campagne que Jauffret conçut l'idée de revoir l'ouvrage de Pluche.

(2) Cuvier et Lacépède examinèrent le manuscrit et les cartes de cet ouvrage, et concoururent à lui donner le mérite de l'exactitude. Il n'existe qu'un seul travail du même genre, c'est la *Zoographie géographique* de Zimmermann.

sants amis, les enfants, donna une nouvelle direction à la fécondité de sa brillante imagination. Toujours animé du désir d'être utile, il annonça à la jeunesse l'intention qu'il avait de se consacrer encore à son instruction. Ce n'étaient plus des livres, des voyages fictifs qu'il proposait à ses jeunes disciples, mais des promenades réelles où il s'attacherait à diriger leur curiosité et leur sensibilité vers les tableaux que présente le spectacle de la nature. « A la renaissance du printemps, — disait-il, — le « cœur et l'esprit semblent recevoir une nouvelle vie. Tout « contribue à frapper vivement l'imagination de l'homme sen- « sible. Tout lui fait éprouver le besoin d'échapper quelques « instants au tumulte des villes, et d'aller au sein des campa- « gnes admirer plus librement la scène imposante et gracieuse « de la nature qui se rajeunit.

« En visitant tour à tour les plus belles campagnes des « environs de la capitale, surpris de les voir si peu fréquentées, « je me dis souvent : Pourquoi ne cherche-t-on pas avec plus « d'ardeur à jouir de la beauté de ces paysages ? Je me dis « souvent encore : Pourquoi les jeunes gens, avides tout à la « fois de bonheur et d'instruction, ne s'empressent-ils pas de « venir dans les profondeurs de ces bois, le long de ces ruis- « seaux bordés de fleurs, voir de près la variété infinie qui « règne dans les productions naturelles, apprendre à distin- « guer les oiseaux par leur chant, les plantes par leur forme, « les arbres par leur feuillage? Pourquoi ceux qui pourraient « diriger leur sensibilité, et les initier dans l'étude de la nature, « négligent-ils de les conduire quelquefois au milieu des « champs, et de leur donner des notions utiles, en ne les « environnant que d'objets aimables ?

« Pénétré des avantages qui résulteraient pour la jeunesse « de ces promenades rurales, où le plaisir serait toujours pour « elle à côté de l'instruction, j'ose faire aujourd'hui un appel « aux jeunes gens dont l'âme n'est pas encore tout à fait étran-

« gère aux émotions que le spectacle de la nature peut faire « naître. Mon désir est de les guider dans les sentiers riants « que j'ai parcourus ; de leur faire lire avec moi, non le livre « entier de la nature, mais quelques-unes de ses pages immor- « telles ».

Ainsi, M. Jauffret faisait revivre une méthode d'instruction qui rappelle celle des anciens philosophes de la Grèce, en associant la jeunesse à des promenades champêtres, dans le but de puiser dans ces excursions le sujet de discours simples et familiers, propres à éclairer les esprits et à former les cœurs.

Pour prendre part à ces promenades, il fallait se faire inscrire rue de Seine, hôtel de la Rochefoucault, et l'on n'était admis que sur les cartes distribuées à la conciergerie des *Observateurs de l'homme.*

L'ouverture de ces excursions littéraires et philosophiques eut lieu par une promenade dans les bois de Saint-Cloud. Ce fut une fête pour les nombreux disciples dont M. Jauffret était suivi. Il commença par rendre hommage à la mémoire des savants qui, avant lui, avaient fait concourir l'histoire naturelle au perfectionnement de la morale : Pluche, Derham, Nieuwentyt, Charles Bonnet, Fénelon, furent recommandés à l'estime et à la reconnaissance des jeunes gens. Après avoir donné des notions générales sur les grandes divisions de l'histoire naturelle, il développa, avec autant de grâce que de sagacité, les admirables relations que l'Auteur de la nature a établies entre les sens dont l'homme est pourvu, et les objets extérieurs dont il est environné, en distinguant trois sortes de ces rapports: *rapports de nécessité, rapports d'utilité et rapports d'agrément* ; et il démontra que c'était là autant de moyens de jouissances qui concourent à améliorer notre existence.

Le développement de cette thèse le conduisit aux applications les plus intéressantes et les plus variées.

A sa seconde promenade, M. Jauffret dirigea ses pas et ses

observations vers Meudon. Dans les différents discours qu'il prononça au milieu des bois, il rechercha les grands principes de la *sociabilité,* dont les conséquences réfutaient les arguments absurdes, que l'impiété avait déduits des infirmités et de l'ignorance de l'homme. Cette promenade fut terminée par un dîner auquel assistèrent Gérard, auteur du *Comte de Valmont* ou *les Égarements de la raison,* de Maimieux, président de la Société des *Observateurs de l'Homme ;* Le Blond, Baillot, professeur au Conservatoire de Musique, et plusieurs autres savants et hommes de lettres. Pendant le dîner, les élèves du Conservatoire de Musique exécutèrent divers morceaux d'harmonie qui ajoutèrent à l'éclat de cette fête. Avant de se retirer, M. Jauffret prononça un discours.

Dans une promenade dirigée vers Ivry, notre philosophe prononça l'éloge historique de Noël Pluche, dans la maison même qu'occupait, sur la fin de sa vie, l'auteur du *Spectacle de la Nature,* un de ces hommes rares dont le nom rappelle tout à la fois les talents et les vertus, les lumières et la modestie.

J'ai encore sous les yeux un autre de ses discours plein de l'émotion la plus touchante, qui se rapporte à la même période de cet enseignement, où la méthode *péripatéticienne* recevait une nouvelle et plus complète application. Ce discours fut prononcé dans les beaux jardins de Bellevue. M. Jauffret, lut ensuite quelques morceaux des plus aimables Idylles de Gessner et d'un poëte chinois. Partout il accumulait les preuves de l'existence d'un être suprême, et ces preuves qu'il tirait de la contemplation des harmonies de l'univers et de l'admirable structure de plusieurs parties du corps humain, étaient présentées dans l'ordre le plus méthodique et exprimées avec élégance et clarté (1).

---

(1) Un poëte bien aimable, qui a laissé son nom à deviner, adressa les vers

Chaque année, au printemps, où la nature étale toutes ses richesses, l'estimable *ami des Enfants* reprenait les leçons de cette philosophie *promenante*. Parmi les disciples dont il était suivi dans ces excursions, il n'y avait pas seulement des jeunes gens, mais des hommes distingués par leurs rares mérites et par les services qu'ils rendaient; les étrangers étaient aussi en nombre (1).

La *Société des Observateurs de l'Homme*, dans ses réunions publiques, était fière de rendre un hommage éclatant aux talents et au zèle vraiment remarquables qui avaient inspiré à M Jauffret un nouveau mode de proclamer les grands principes de la morale et de dévoiler les mystères de la nature (2). Les autorités facilitaient à M. Jauffret l'accès de tous les établissements publics; le Préfet, qui était en même temps

---

suivants à l'*Ami des Enfants*, dans sa promenade à Bellevue, le 6 messidor :

De maintes leçons, à mon âge,
On compte à regret les instants;
Avec plaisir, moi je partage
Celles de l'*Ami des Enfants*.

De cette riante verdure,
De ces près, de ces bois charmants,
La fraîcheur rend encor plus pure
La voix de l'*Ami des Enfants*.

Unissant l'aimable à l'utile,
Comme les sages du vieux temps,
Il est doux, brillant et facile,
L'esprit de l'*Ami des Enfants*.

A la vertu, quand il rappelle,
Quand il peint ses heureux penchants,
Chacun ici se sent pour elle.
Le cœur de l'*Ami des Enfants*.

Elisabeth L. B.

(1) Parmi les personnes qui assistèrent à l'une de ces promenades, on remarquait: Thomas Manning, Thutil, Taylor, Sonthy, De Bons, etc.

(2) Nous lisons dans le *Moniteur* du 25 floréal an X : « Le citoyen Jauffret, secrétaire perpétuel de la *Société des Observateurs de l'Homme*, vient d'annoncer par un programme nouveau, la reprise de ses promenades à la campagne. On ne saurait trop applaudir au zèle avec lequel ce savant recommandable fait servir

un sage et un ami des arts, prévenait tous ses désirs ; il mit à sa disposition le salon d'Hercule, Trianon et la salle de la Société d'Agriculture de Versailles (1).

On voit que les promenades de M. Jauffret n'étaient point faites dans le but de satisfaire la simple curiosité, en renouvelant un ancien mode d'instruction, mais qu'au contraire le but principal était des plus utiles et de la plus haute moralité ; il fait estimer l'auteur qui, sans autre motif que le zèle de la science, parcourait tous les ans les environs de Paris, suivi d'une jeunesse studieuse, et s'attachait à développer en elle des sentiments généreux, en lui parlant de la nature en présence de la nature elle-même.

Dans ces circonstances, M. Jauffret déployait toutes les res-

---

à un but moral, l'étude si attrayante de l'histoire naturelle; ses promenades de l'année dernière furent suivies d'un nombreux concours d'amis de la nature. Celles de cette année offriront, à en juger par le programme, plus d'intérêt encore, et seront sans doute également suivies ».

(1) Je donne ici le programme d'une promenade dirigée à Versailles et où M. Jauffret était accompagné d'un autre ami de la jeunesse, le respectable abbé Sicard, et de plusieurs membres de l'Institut. Déjeuner à Trianon, en arrivant de Paris. Réception dans les jardins du petit Trianon par le professeur de botanique de l'École centrale. Premier discours du citoyen Jauffret. Promenade dans le parc de Versailles. Réception dans le bosquet d'Apollon, par les élèves et le professeur de belles-lettres. Second discours du citoyen Jauffret. Arrivée au château ; séance dans le salon d'Hercule. Troisième discours du citoyen Jauffret. Eloge de l'abbé de l'Epée, prononcé par le citoyen Sicard. Exercices par les sourds-muets, sous la direction du professeur Massieu, sourd-muet de naissance. Visite du Muséum de Versailles. Arrivée au jardin de Botanique. Dîner dans la salle de la Société d'Agriculture. Lecture de différentes pièces de poésie inspirées par la circonstance. Exécution de quelques morceaux d'harmonie. Dernier discours du citoyen Jauffret. V. *Mag. Encyclopédique* de Millin, 7e année, T. VI, p. 547-549. Au retour de cette excursion, à l'arrivée de M. Jauffret *sous le gros chêne*, l'administrateur-propriétaire du *Collége des Loges*, M. Bertemy, lui adressa un discours chaleureux d'où nous extrayons ces paroles: « Les élèves du Collége des Loges accourent au bruit de votre arrivée; déjà vous leur faites ressentir les effets de l'affection paternelle que vous leur avez promise par le choix que vous avez fait du lieu consacré à leur éducation, pour terminer votre promenade champêtre. Ce jour sera pour eux une époque mémorable; au bienfait de leur avoir approprié les productions de votre génie, vous ajoutez celui d'avoir dirigé sur eux les regards d'hommes distingués par leur rare mérite ».

sources de son esprit et de son érudition. On a dit de lui qu'il était le *continuateur du vertueux Pluche, du savant Charles Bonnet et de l'incomparable Fénelon.* En effet, il suivait, pour les progrès de l'instruction, la même théorie que le premier : la contemplation du magnifique spectacle de la nature ; il en faisait jaillir, comme le second, les vérités les plus importantes au bonheur de l'homme ; et, pour mieux faire saisir ces vérités, il présentait à l'imagination des jeunes gens, comme l'auteur de *Télémaque*, les tableaux les plus pittoresques et les images les plus riantes. La morale qu'il enseignait, s'embellissait, comme sa diction, des choses qu'il décrivait ; et la vertu, parée des fleurs de la nature, semblait en exhaler le parfum (1).

Sollicité par les personnes qui n'avaient pu suivre ses promenades, de publier les discours qu'il avait prononcés dans ses excursions littéraires et morales, il céda à leurs vœux, en les réunissant en un volume qu'il fit paraître quelque temps après, et dont plusieurs organes de la presse rendirent compte dans des articles où l'on sent la sympathie, l'admiration qu'avait su inspirer M. Jauffret, par ses talents et par son noble caractère (2).

A la formation des *Écoles Centrales*, on ne pouvait oublier le dévouement que M. Jauffret avait eu pour les sciences natu-

---

(1) *Journal du Département de Seine-et-Oise.* Répertoire littéraire et rural des environs de Paris. Versailles, Jacob, n° 3, AN XII (13 octobre 1803), in 8°, p. 27, article signé Caron, membre de la Société d'Agriculture de Versailles.

(2) « M. Jauffret a suivi les traces de Berquin, avec la même sensibilité ; il « s'occupe d'inspirer à la jeunesse le goût des sciences, l'amour de l'étude, et « la connoissance des beautés et des dons de la nature. On connoît l'utilité de « ses cours, et l'instruction pratique de ses courses champêtres. On applaudit « volontiers à un zèle qui ne peut que concourir à rendre la génération qui « s'avance, plus éclairée, plus désireuse de connoître, et plus attachée à l'auteur « de tout ce qu'il lui découvre dans les bienfaits dont la nature lui sert à prou- « ver l'existence ». Article signé : A. J. D. B., dans le *Magasin Encyclopédique,* 9e année, T. VI, p. 432.

relles, et l'impulsion qu'il avait donnée à l'étude des sciences anthropologiques. Ses travaux lui valurent d'être choisi pour professer, à l'École Centrale de Versailles, l'histoire de l'homme et celle des animaux. Le jeune professeur répondit dignement à la distinction flatteuse dont il venait d'être l'objet. Sans leçons écrites, avec sa mémoire prodigieuse, avec son instruction toujours présente, il montait en chaire, entouré d'un grand nombre d'auditeurs d'élite. Tour à tour mêlant ensemble la morale la plus pure, les récits piquants, les réflexions instructives, il attachait, il entraînait son auditoire par un enseignement qui était moins une leçon qu'une conversation intime, pleine d'esprit, de grâce et d'abandon. Son cours se terminait ordinairement par une lecture ; ses disciples se retiraient charmés par son amabilité, par sa bonhomie et par la douceur de ses mœurs. Ainsi, il donnait à la jeunesse la meilleure des instructions, celle d'un homme vertueux, éclairé, spirituel, enjoué, épanchant ses idées généreuses et les sentiments non moins généreux de son grand cœur.

Pendant l'hiver, notre aimable philosophe, ne pouvant discourir au milieu des champs, ouvrit des Cours d'histoire naturelle de l'homme et des animaux, dans la salle des assemblées de la *Société des Observateurs de l'Homme*, et dans une des salles du Louvre mise à sa disposition par les soins du Préfet. Ces Cours étaient fort suivis ; ils avaient lieu deux fois la semaine, et furent continués pendant plusieurs années. Le professeur traitait des différentes races du genre humain, de l'origine des peuples et de leurs migrations ; il exposait aussi les caractères physiques et moraux qui les distinguent, et montrait, en parlant des peuples sauvages ou à demi civilisés, leurs armes, leurs instruments, leurs costumes et les produits de leur industrie.

Pendant que les productions de cet aimable écrivain éveillaient les émotions touchantes dans le cœur des mères, il éprouvait au sein de sa famille les plus profonds chagrins. Après quelques années de l'union la plus douce et la mieux assortie, il acquit la certitude que celle qui était sa compagne aimée était atteinte d'un mal incurable. Le 7 octobre 1801, il eut la douleur de la voir s'éteindre dans les langueurs d'une maladie de poitrine. Cette digne femme était l'ange du foyer. Pendant sa maladie, elle fut un modèle de patience, de résignation et de douceur. Selon ses vœux, son corps fut transporté à Meudon, asile cher à la mémoire des deux époux. Un grand concours d'amis, de notabilités et de célébrités de tout genre accompagnèrent la dépouille mortelle de Mme Jauffret. Arrivé à la paroisse de Meudon, M. Gaspard-Jean-André-Joseph Jauffret, frère aîné, qui avait suivi le convoi funèbre, prononça quelques paroles souvent étouffées par les larmes et qui impressionnèrent vivement l'assistance.

Veuf à l'âge de trente et un ans, et père de trois enfants, M. Jauffret ne chercha point à former de nouveaux nœuds; il voulait, jusqu'à son dernier soupir, honorer la mémoire de sa bonne et digne épouse, qui lui fut entièrement dévouée et qui partagea ses goûts modestes.

Le soin d'élever ses enfants devint pour lui un devoir qu'il accepta comme une consolation.

A la suite de cette cruelle séparation, le découragement ne s'empara point de son âme. Après avoir donné à celle qu'il avait perdue les larmes qu'elle méritait, M. Jauffret chercha noblement des consolations dans l'étude et dans le travail. *Le talent sort et se fait jour par ces plaies que Dieu nous fait au cœur* (1). Il reprit les matériaux qu'il avait

---

(1) Victor Hugo.

rassemblés pour la rédaction des mémoires de la *Société des Observateurs de l'Homme*, et continua ses travaux littéraires et ses recherches.

Depuis longtemps, en France, on sentait la nécessité d'un *Dictionnaire des Sciences naturelles*, dans lequel seraient contenues toutes les découvertes faites, et qui offrirait les améliorations apportées à la nomenclature par les naturalistes des dernières années du XVIIIe siècle. Ce dictionnaire devait être plus complet que celui de Valmont de Bomarre. M. Jauffret conçut le projet d'entreprendre cette œuvre immense. Il s'en ouvrit à ses amis, la plupart professeurs du Muséum national d'histoire naturelle et des principales écoles de Paris, et il publia le plan de ce monument élevé à la science de la nature, qu'il développa d'une manière supérieure dans un prospectus qui est un chef-d'œuvre de rédaction (1).

(1) Pour donner une idée de l'importance de ce nouveau dictionnaire, nous mettons sous les yeux du lecteur la liste des auteurs avec leur part de collaboration :

Brongniart (Al.), professeur d'histoire naturelle à l'École Centrale des Quatre Nations. La minéralogie et la géologie.

Cuvier (Georges), les articles généraux de l'histoire naturelle et spécialement de la zoologie, l'anatomie, la physiologie, l'histoire naturelle des reptiles et des vers, etc.

Duméril (Constant), professeur à l'École de Médecine, l'histoire des insectes.

Dumont (Ch.), membre de plusieurs Sociétés savantes, l'histoire des oiseaux.

Fourcroy, la chimie dans ses applications à l'histoire naturelle, aux autres sciences et aux arts.

Geoffroy (Et.), professeur au Muséum, l'histoire des mammifères.

Jauffret (L.-F.), secrétaire perpétuel de la *Société des Observateurs de l'Homme*, l'histoire naturelle de l'homme.

Jussieu (A.-L. de), la botanique, la description des plantes.

Palisot de Beauvois, Desportes, Duchesne, Jaume, Macré, Mirbel, Petit-Radel, Poyrec, adjoints à de Jussieu pour les détails sur les plantes.

Lacépède, l'histoire des poissons.

Lacroix, l'astronomie et la physique.

Lamarck, l'histoire des mollusques, des radiaires et des polypes.

Mirbel (C.-F.-B), aide naturaliste au Muséum et professeur de botanique au Lycée Républicain, la physique végétale.

Tessier (L.-A.), de l'Institut, du Conseil général d'agriculture, l'agriculture.

Pendant plusieurs années, M. Jauffret donna tous ses soins, consacra tous ses moments à une entreprise qui honore ses talents et montre combien était laborieuse son existence. La science lui est redevable d'un véritable monument, et pourtant aucune récompense n'a couronné son œuvre. Un moment, il espéra être admis à l'Institut national; il avait la parole d'un grand nombre des membres ; mais, à l'approche d'une élection qui lui était favorable, une conspiration éclata et il lui fallut renoncer à la réalisation de son espérance.

Des circonstances particulières, des affaires de famille, obligèrent M. Jauffret à faire un voyage à Lyon et en Provence, et cette absence ne lui permit point de continuer son travail. Il resta seulement chargé de la rédaction de l'histoire naturelle de l'homme. Une lettre autographe de M. Jauffret adressée aux éditeurs du Dictionnaire, les frères Levrault, me permet de fournir la preuve et de l'immensité de son entreprise et de son zèle à tout épreuve; après avoir dit le motif qui le force à interrompre sa besogne, il s'exprime ainsi : « Je mettrai mon successeur au courant, et lui donnerai une note exacte des « manuscrits déjà fournis et de ceux à fournir. Si M. « Deleuze (1) consentait à me remplacer, je le serais trop « avantageusement pour que mon absence pût vous nuire. « Que si vous ne trouvez pas un homme tel qu'il vous « le faut et tel que je vous le désire, je sacrifierai sans « peine mes intérêts aux vôtres. Je resterai à Paris, prêt « à tout faire pour le succès d'une entreprise dont je sens « toute l'importance pour vous et tout l'honneur pour moi-« même ».

---

(1) Aide naturaliste, puis bibliothécaire du Muséum, né à Sisteron en 1753 mort en 1835, esprit fort aventureux mais très-distingué.

On voit dans cette précieuse lettre que le désintéressement de l'ami des enfants éclatait dans toutes les circonstances où il s'agissait d'être utile à la science. Nous verrons plus tard qu'il a été victime de cette noblesse de caractère.

Qu'on ne croie pas que je m'illusionne sur la valeur que peuvent avoir aujourd'hui les divers travaux scientifiques de M. Jauffret. Loin de moi la pensée de vouloir lui assigner une place élevée parmi cette pléiade de savants illustres qui furent ses amis. Mais est-ce une raison pour ne pas éveiller le souvenir de sa carrière scientifique ? Je ne le pense pas : ce serait être injuste. N'y aurait-il pas, en effet, de l'ingratitude à ne point tenir compte à Jauffret de ses idées généreuses qui le poussaient, au milieu des vicissitudes de la vie, à faire oublier à la jeunesse, en lui ouvrant les horizons sereins de la science, le spectacle affligeant qu'offrait alors le monde politique, et de donner à tous de l'émulation pour les études sérieuses et profitables? La reconnaissance a paru nous imposer le devoir du souvenir, et pour l'accomplir avec sincérité, il était utile de faire voir Jauffret dans le milieu où il vivait, et de se pénétrer de l'esprit de la société de son temps.

Ainsi, dans le domaine des sciences, M. Jauffret eût pu, comme ses illustres collègues et amis, se faire une grande réputation. Mais il ne persévéra point dans cette voie, malgré les encouragements des nobles amitiés qu'il cultivait. En vain, Lacépède, Hallé, Cuvier, Geoffroy St-Hilaire, témoignèrent à M. Jauffret le désir de lui voir parcourir la carrière scientifique dans laquelle le succès et la gloire ne pouvaient manquer de lui sourire; son penchant pour la jeunesse, qu'il aimait par-dessus tout, lui inspirait sans cesse de nouvelles productions qui le détournaient de ses études plus graves.

Sous l'Empire, M. Jauffret se laissa un moment entraîner par le tourbillon du monde: des promesses venues de haut l'avaient séduit. Nompère de Champagny, duc de Cadore, qu'il avait connu avant son élévation, et qui venait d'être nommé ambassadeur à Vienne ; — le Cardinal Fesch, ambassadeur à Rome, avec lequel il avait eu des relations assez intimes, — s'intéressaient à lui d'une manière toute particulière. M. de Talleyrand avait fait demander M. Jauffret au Cardinal, pour occuper le poste de troisième secrétaire d'ambassade. Il avait été nommé à cette place, mais il n'en prit jamais possession parce que l'ambassade changea de nature: elle devint une simple légation, et la suppression du troisième secrétaire fut le résultat de cette mesure. Cette circonstance prouve encore une fois que le mieux est l'ennemi du bien ; car il dépendait de M. Jauffret de suivre le diplomate en qualité de secrétaire particulier, mais il tenait absolument à la place de troisième secrétaire.

Dégoûté de la carrière diplomatique, il entreprit en 1806, un voyage à travers la France, qu'il s'était proposé de publier périodiquement sous le titre de *Voyage en France, par l'Ami des Enfants*. Il fit à ce sujet, avec l'ancien propriétaire de l'*Assemblée Nationale*, Perlet, un traité dans lequel il fut convenu qu'il voyagerait pendant quatre ans et qu'il recueillerait des notes et des renseignements sur les productions de la nature et de l'art. Il visita successivement les départements de l'Ain, du Rhône et du Léman, mais il fut obligé de borner là ses voyages dans son propre intérêt: pendant qu'il parcourait ainsi la France, ses affaires étaient compromises par son éditeur.

De 1803 à 1807. M. Jauffret donna encore plusieurs ouvrages destinés à ses jeunes amis, tels que:

La Gymnastique de la jeunesse (avec Amar du Rivier).

Le Taureau, roman philosophique.

Les Six Jours, ou Leçons d'un père à son fils, sur l'origine du monde, d'après la Bible.

L'Éducation pratique d'Adolphe et de Gustave, destiné aux pères et aux mères qui veulent faire ou commencer eux-mêmes l'éducation de leurs enfants.

La Corbeille de fleurs et le Panier de fruits, avec planches.

La Géographie Dramatique de la Jeunesse.

Le Molière de la Jeunesse, ou Comédies choisies de Molière.

Tous ces ouvrages sont amusants et instructifs. Le seul reproche qu'on ait adressé à l'auteur est celui d'avoir commencé une série de livres élémentaires et de ne pas l'avoir menée à fin. Ce reproche est-il bien mérité, et ne faut-il pas en toutes choses faire la part des circonstances ?.. Qu'on n'oublie pas que Jauffret vivant dans un temps d'agitations continuelles, où les évènements du lendemain effaçaient ceux de la veille, il lui était difficile de résister à ce tourbillon d'une société si peu stable ; dès lors on en conviendra, c'était déjà un courage digne d'éloge que celui-là même d'avoir osé entreprendre un semblable travail.

Au début de la réorganisation de l'Université, M. Jauffret trouva l'occasion que ses goûts et la nature de son esprit lui faisaient rechercher depuis longtemps : il vit s'ouvrir à lui la carrière de l'enseignement.

Un voyage qu'il fit à Lyon, vers la fin de l'année 1807, lui procura cette heureuse occasion, dans une circonstance qui témoigne de ses mérites et de son aptitude au professorat. Le frère du duc de Cadore, M. Nompère de Champagny, était alors proviseur du Lycée de Lyon, et devint plus tard recteur de l'Académie de cette ville. Pendant que M. Jauffret se trouvait en visite chez le proviseur qu'il connaissait déjà, survint M. Lachèze, maire de Montbrison, qui venait lui parler du projet arrêté par le Conseil municipal d'établir un collége à Montbrison, et le prier de choisir un directeur, car ce choix l'embarrassait beaucoup. La réunion accidentelle de ces trois personnes fut comme un ordre providentiel adressé à M. Jauffret, et la demande de M. Lachèze fut saisie comme un à-propos par M. de Champagny, à qui elle était posée.

En effet, il fut décidé, séance tenante, qu'on ne saurait faire un meilleur choix en prenant M. Jauffret, l'ami de la jeunesse, pour diriger l'École de Montbrison. Il fut chargé de ces fonctions par arrêté de M. Fourcroy, grand-maître de l'Université; et en 1810, l'École de Montbrison étant remplacée par un collège, M. Jauffret en obtint le principalat.

D'une bienveillance extrême pour la jeunesse, doué des qualités morales et des talents nécessaires pour donner à ses élèves l'exemple et le précepte de l'amour du bien et de la science, M. Jauffret ne pouvait manquer d'obtenir les succès les plus brillants dans sa nouvelle carrière. Environné de la reconnaissance de ses élèves et de leurs parents, investi de la confiance de tous, il goûtait des joies selon son cœur et un bonheur qui lui rappelait de doux et glorieux souvenirs.

Parmi ses supérieurs, il rencontra un ami, presque un compatriote, Béranger, auteur des *Soirées provençales,* un charmant esprit, alors inspecteur de l'Académie de Lyon. Entre ces deux hommes qui avaient déjà vécu ensemble, et dont les goûts s'alliaient autant que la nature de leur esprit, entre ces deux aimables Provencaux, des relations de l'amitié la plus intime s'établirent. Dans le goût des lettres cette amitié puisa de nouveaux aliments et de nouveaux charmes. Que de doux moments ils passèrent ensemble, sous les ombrages des bords du Rhône, tantôt lisant, tantôt se communiquant leurs propres travaux et s'enflammant l'un l'autre; tantôt philosophant sur les événements prodigieux et terribles qui avaient signalé la fin du dernier siècle et le commencement de celui-ci.

M. Jauffret occupa les fonctions de principal du Collége de Montbrison, avec une rare distinction, jusqu'au mois de mars 1813. Mais la ville de Montbrison n'était pas dans l'opulence, les ressources de son budget étaient insuffisantes à l'entretien du Collége. M. Jauffret eut à subir les conséquences fâcheuses de cette situation ; il fit de très-grands sacrifices pour maintenir l'Établissement, et pendant plus de quatre ans il altéra sa fortune patrimoniale (1). Cette conduite prouve une fois de plus l'élévation de ce noble cœur.

En reconnaissance de cette sollicitude et de ces efforts, le Conseil municipal écho de la population, vota des remerciment à M. Jauffret et fit l'éloge de son désintéressement dans une délibération. Stérile gratitude pour un si noble dévouement !

Il passa ensuite, en la même qualité de principal, au Collége de Saint-Étienne, où il resta jusqu'en 1815. Cette nouvelle position lui avait paru plus avantageuse, et la ville industrieuse de Saint-Étienne avait semblé lui promettre plus de ressources. Mais M. Jauffret n'eut jamais l'esprit des affaires et la passion du gain, et sous le rapport économique, les Établissements de Montbrison et de Saint-Étienne ne furent pas prospères, malgré tous ses soins. La fortune ne devait point le favoriser; elle répandit ses bienfaits sur ses élèves, dont les

---

(1) « Le préfet du département de la Haute-Loire, témoin de la belle conduite, du zèle et des efforts de M. Jauffret, ayant une parfaite connaissance des sacrifices qu'il a faits pour maintenir son pensionnat sans augmentation de pension, pendant la cherté, et de l'insuffisance des rétributions payées par les élèves, ne peut que solliciter tout l'intérêt de Monsieur le Conseiller d'État, directeur général, en faveur de Monsieur le Directeur qui, par son dévouement pour son état, a altéré sa fortune patrimoniale pendant plus de quatre ans.— Montbrison, le 17 Mai 1812. — *Signé :* DUCOLOMBIER. »

progrès intellectuels et moraux attestaient les constants efforts du Directeur. On ne voyait pas régner chez lui cette inflexible sévérité sur laquelle certains esprits croient devoir fonder tout système d'éducation ; c'étaient les conseils et les leçons d'un père,— conseils et leçons dont le succès était doublé par l'émulation de l'élève et par l'expérience du maître. On peut dire que M. Jauffret considérait ses élèves comme ses amis. Attentif à leurs moindres désirs, il composait pour eux des dialogues latins en vers et en prose, des comédies et des contes.

Il laissa des souvenirs impérissables dans les villes de Montbrison et de Saint-Étienne, où il avait acquis une grande réputation de savoir et l'estime générale (1).

Le 23 janvier 1815, il obtint une récompense bien due à ses mérites ; il fut nommé Officier de l'Université (2).

N'est-il pas à propos de rappeler ici qu'à peu près au même temps un homme d'un grand savoir, moins littérateur peut-être que Jauffret, rencontrait, après une existence pleine des mêmes vicissitudes, une position semblable où il lui était réservé autant d'honneur et aussi peu de profit ? J'ai nommé Gabriel Peignot.

Dans cette paisible et calme existence du principalat, si propre au recueillement, M. Jauffret trouvant le loisir d'écrire, s'occupa de travaux plus exclusivement littéraires, et qui lui ont assuré une place distinguée parmi les poëtes fabulistes. Il composa son recueil de fables, où son talent et son caractère se révèlent tout entiers, avec son imagination douce et enjouée, son esprit fin, lucide, son sens droit, sa sensibilité, sa naïveté et

---

(1) Il compta parmi ses élèves, au Collége de Saint-Étienne, M. Jules Janin, écrivain aussi sympathique que distingué.

(2) Sur la demande de l'auteur, S. E. le Ministre de l'Instruction publique lui a fait parvenir les états de service de M. Jauffret.

une morale aimable. Dans ses *Lettres sur les Fabulistes*, il nous fait connaitre à quelle occasion il imagina sa première fable. « Je me promenais, dit-il, à l'entrée de l'hiver, dans le « jardin de l'ancien monastère que j'occupais, à Montbrison, « le long d'un vieux mur qui abrite des vents du nord une « terrasse magnifique. Déjà la neige commençait à blanchir, « au couchant, les montagnes de l'Auvergne, et au midi, la « chaîne escarpée du mont Pilat. Je regardais mes espaliers « dépouillés de verdure, quand je vis deux petits lézards entrer « avec précipitation dans les cavités du vieux mur, et s'y « réfugier sans doute pour tout le reste de l'hiver. Là-dessus il « me vint la pensée de faire une fable sur le réveil annuel de « mes deux petits lézards. Je la fis sans autre intention que « celle de prouver que, pour être heureux sur la terre, il faut, « autant qu'on peut, voir les choses du beau côté.... Une « sorte d'illusion, une espèce d'enchantement ont fermé mes « yeux sur les difficultés de l'entreprise; une première fable « en a fait éclore une seconde; l'inspiration m'a entraîné..».

Il ne m'appartient pas d'indiquer le rang que doit occuper M. Jauffret parmi les fabulistes; l'affection que je ressens pour l'*Ami des enfants* pourrait me porter à lui donner ici des éloges qui paraîtraient suspects. Mais j'emprunterai le langage d'un critique judicieux et sévère qui, à cette époque, faisait autorité en littérature, et je donnerai des appréciations inédites émanant des écrivains les plus distingués. D'ailleurs, et je ne me lasse pas d'insister sur ce point, parce que, dans les jugements qu'on porte sur les œuvres du passé, cet élément *essentiel* est malheureusement presque toujours mis de côté, ne faut-il pas, pour assigner un rang *vrai* et sa *vraie* valeur à un produit de l'intelligence, se placer au temps où il a vu le jour et s'inspirer des idées et des goûts littéraires de l'époque?

M. Dussault, dont la critique judicieuse ferme et modérée acquit une notoriété qu'on pourrait dire encore vivante, s'exprime ainsi, dans le *Journal des Débats*, du 26 décembre 1814 (1), en rendant compte de la première édition des fables de M. Jauffret.

« Je pense, que les fables de M. Jauffret doivent « être rangées parmi celles qui se soutiennent le mieux à « côté des agréables apologues que nous devons à l'auteur « d'*Estelle et de Galathée;* peut-être même, si le plaisir « qu'elles m'ont fait éprouver n'est pas un augure trom- « peur, le jugement et les suffrages du public, dont je ne « veux pas à cet égard prévenir la décision, ne marque- « ront-ils pas entre le recueil de M. Jauffret et celui de « M. de Florian une distance assez considérable pour que « le nouveau fabuliste puisse craindre de n'obtenir que la « troisième place. Ses sujets sont généralement bien choisis « et intéressants; ses moralités sont piquantes; sa versifi- « cation est harmonieuse, naturelle, facile et riche. Je me « hâte de fournir au moins une preuve de ce dernier genre de « mérite si précieux, et qui sûrement n'est pas la moindre « des qualités que je remarque dans les *nouvelles Fables*. « Voici comment l'auteur décrit le *Carnaval* dans le début « d'un apologue qui en porte le titre :

Il est, durant l'année, un temps où la Folie
Du bruit de ses grelots étourdit la Raison :
C'est le temps où l'on voit des masques à foison,
Le temps où le plaisir semble une frénésie,
Où la vertu souvent et chancelle et s'oublie,
Le Carnaval, s'il faut l'appeler par son nom.

(1) Voir aussi les *Annales littéraires*, t. IV, p. 398-405. Les *Fables nouvelles* parurent en 1814. Elles furent dédiées à Madame la duchesse d'Angoulême. « Hier, 5 février 1815, après la messe du Roi, M. Jauffret a eu l'honneur d'être « présenté à S. A. R. la duchesse d'Angoulême et de lui offrir un exemplaire « de ses fables, en 2 volumes, dont S. A. R. avait bien voulu agréer la dédicace ». (*Moniteur Universel* du 7 février 1815).

Il régnait; et jusques aux nues
Montaient les cris de la gaîté :
Tous les fous, mis en liberté,
Semblaient circuler dans les rues ;

Sur un char on voyait traîné
Un Gille en robe doctorale ,
Et plus loin , Laïs et Phryné
Sous le voile d'une vestale ;

On voyait des seigneurs déguisés en crispins ,
Des laquais en sultans , des goujats en altesses,
Des magistrats en arlequins,
Des cuisinières en princesses

Un jeune homme voulut se donner le plaisir, etc.

« On présume bien, d'après ce que je viens de dire, « que ce morceau n'est pas le seul que je pourrais mettre « sous les yeux du lecteur comme un témoignage de l'heu- « reuse facilité qui règne dans les vers de M. Jauffret: ce « n'est peut-être pas le meilleur que j'eusse pu offrir ; le « public en distinguera sans peine un grand nombre d'au- « tres, où le style de l'auteur, tantôt se joue avec légèreté, « tantôt se développe avec grâce , et quelquefois même dé- « ploie de la vigueur et de l'énergie; car le genre de la « fable, ce genre qui demande surtout une poésie naïve « et douce, une diction simple et ingénue, n'exclut pas « la force ».

La distinction que j'ai faite de plusieurs fables de Jauffret me permet de compléter, en quelque sorte, le compte-rendu de Dussault.

Voici un exemple de la vigueur et de l'énergie dont parle le critique. Je le trouve dans la fable XVIIIe du premier livre, qui a pour titre :*Le Cheval et le Mouton,* dont l'allure, dès le début , ne manque pas de grandeur.

Un cheval aspirant à l'immortalité ,
Un nouveau Bucéphale , à flottante crinière ,
Qui dans des tourbillons de flamme et de poussière
S'était cent fois précipité,
Couvert de sa housse guerrière ,
Revint dans son village , et , voyant un mouton , etc.

Veut-on de la naïveté? Il suffirait, pour en donner un exemple, de rappeler l'apologue de l'*Ane indiscret :*

Il était fête au village,
Les cloches, dès le matin,
Mêlant leur son argentin,
A celui du tambourin,
L'annonçaient avec pompe à tout le voisinage.

L'âne du vieux Guillaume, animal sans souci,
(Les soucis logent peu dans l'âme d'une bête),
Voyant tout le village occupé de la fête,
Voulut se divertir aussi, etc.

Citerai-je enfin la fable XXe du septième livre qui contient des vers charmants de naturel et de malicieuse gaîté :

Colin avait perdu son âne,
Et le pleurait comme un enfant.
C'était louable à lui. Jamais je ne condamne
Les larmes qu'un bon cœur répand.

Il restait à Colin un peu d'espoir, pourtant:
Grison n'était point mort; de l'étable, sans doute,
Mon libertin s'était échappé sans licou,
Et des champs avait pris la route.

Il errait quelque part; mais allez savoir où ! etc.

« Les sujets des fables de M. Jauffret (1) appartiennent « à l'imagination de l'auteur, ou à des recherches qui « lui sont propres. Quoiqu'il vienne après tant d'autres, il « moissonne à pleines mains dans ce champ, où la foule « de ses prédécesseurs semblait n'avoir rien laissé à re- « cueillir ; et ses sujets ont une fraîcheur et une originalité « qui réveillent l'attention. Quelquefois il emploie un arti- « fice très-piquant, en replaçant devant nos regards quel- « ques-uns de ces personnages avec lesquels La Fontaine nous

---

(1) Je cite toujours Dussault.

« a familliarisés ; il se sert de nos souvenirs et nous montre « ces mêmes acteurs dans un nouveau développement de « position et de caractère, sans altérer les traits distinctifs « et pittoresques que leur a donnés le bonhomme (1). Ainsi, « par exemple, dans sa fable des *Deux Savetiers*, M. Jauf- « fret prolonge en quelque sorte le rôle du savetier aux « cent écus de La Fontaine : celui-ci nous le fait voir ren- « dant au financier son argent ; M. Jauffret le prend à la « porte de l'homme pécunieux et au moment où il retourne « à son échoppe, soulagé du poids de son trésor :

Jaloux de retrouver ses chansons et son somme,
L'honnête savetier, dont parle le Bonhomme,
Venait de reporter au financier Mondor
Ses maudits cent écus, trop dangereux trésor;

Il retournait à son ouvrage,
Libre de soins et de chagrin,
Et déjà chantait en chemin
Quelques refrains de son jeune âge.

L'un de ses vieux amis, savetier comme lui,
Vint l'attendre à sa porte, et lui dit : Cher confrère,
Aide-moi ; ma femme, aujourd'hui,
De deux jumeaux m'a rendu père :
Une pistole ou deux feraient bien mon affaire.

On m'a dit qu'un trésor. . . — Va, félicite toi !
Ce trésor-là n'est plus chez moi :

---

(1) On trouve, en effet, dans plusieurs apologues de M. Jauffret, des suites très-heureuses à des fables de La Fontaine ; on y remarque entre autres, la suite du *Roi et du Charlatan* (livre XIII, fab. XVI), celle de l'*Homme entre deux âges*, celle du *Loup et l'Agneau*, celle des *Deux Mulets* (livre XI, fab. 1re), celle de la *Poule aux œufs d'Or*, la *Poule aux œufs d'Argent* (livre XII, fab. VI), enfin celle des *Animaux malades de la peste*, le chef-d'œuvre du grand *fablier*. « Ce n'est « plus la même narration que personne n'oseroit jamais tenter de refaire ; mais « c'est le chapitre suivant, qui joint le piquant et la rapidité du récit au mérite « de l'invention. » *Annales de la Littérature et des Arts*, par Quatremère de Quincy, Raoul-Rochette, Hugo, Nodier, Amar etc., t. XXIII, p. 353.

Je viens de le rendre à son maître,
Mais il me reste, Dieu merci,
Deux bons gros écus : les voici. . . . .
Hier, mon cœur plus endurci,
Te les eût refusés peut-être.

« Ailleurs, M. Jauffret introduit, non pas la *tortue* « voyageuse de La Fontaine, mais la fille de cette *tortue*, « éprise, comme sa mère, de la passion des voyages :

La plus fameuse des tortues,
Celle qui, bravant les hasards,
Fut autrefois, par deux canards,
Enlevée au milieu des nues,
Et qui sembla tomber exprès du haut des cieux
Pour l'effroi des ambitieux,

Vous le dirai-je ? . . . . Elle était mère !. . .
Elle avait une fille, à la tête légère. . . . etc.

« Cet air de révélation, ce trait : *vous le dirai-je? elle* « *était mère !* me semble d'un excellent goût. M. Jauffret « n'a pas craint de refaire tout simplement la fable du *Rat* « *de ville et du Rat des champs :* c'est une des plus faibles de « La Fontaine, qui paraît avoir craint de lutter avec Horace « et qu'une telle concurrence semble avoir découragé. La « hardiesse du nouveau fabuliste n'a pas été malheureuse: « sa fable est une très-agréable imitation de la fable du « poëte latin et vaut mieux que celle du poëte français ».

Je me permettrai d'ajouter à cette exacte appréciation d'un si habile critique, que, dans plusieurs des apologues de M. Jauffret, on reconnaît cette fraîcheur, cet éclat de coloris qui distinguent ses Idylles. Quoi de plus gracieux que les premiers vers de la fable intitulée : *La Rose et le Zéphir ?*

De son souffle amoureux le Zéphir caressait
Une Rose que mai venait de faire éclore :
On eût dit qu'elle en rougissait ;
Et belle qui rougit en est plus belle encore.

Sur elle, de fort loin, le regard se fixait :
Reine de l'empire de Flore,
Sa fraîcheur égalait la fraîcheur de l'Aurore,
Si même elle ne l'effaçait;
Mais que son règne, hélas! fut de courte durée ! etc.

Et maintenant si je voulais entrer dans le détail, si je me laissais entraîner par les réflexions neuves, les moralités piquantes et les vers-proverbes que je découvre à chaque page de ces *Fables*, si je voulais citer tout ce qui pourrait servir à en révéler le mérite au lecteur, je ne finirais point (1).

La Fontaine a défini l'apologue :

Une ample comédie en cent actes divers
Et dont la scène est l'univers.

Pour captiver l'attention du lecteur et obtenir quelque succès durable dans ce genre de littérature, il faut donc que l'auteur de ces comédies sache animer ses tableaux, répande dans la mise en scène de ses acteurs, de la gaîté, de la bonhomie, et mêle surtout à toutes ses compositions le charme du style.

Combien n'avons nous pas en France de recueils de fables ? En est-il beaucoup qu'on puisse lire en entier sans éprouver de la lassitude et du dégoût? Je ne parle pas de La Fontaine, ni même de Florian : La Fontaine a élevé la fable à une telle perfection qu'il s'est placé hors de toute rivalité et même de toute imitation.

D'excellents juges en matière d'apologues, critiques de bonne foi, s'accordent à dire qu'un style pur, facile, gracieux, qu'une diction simple et ingénieuse, une philosophie profonde, enjouée, un heureux choix d'expressions harmonieuses et une

---

(1) L'Académie de Caen salua l'apparition du recueil des Fables de M. Jauffret par un diplôme d'académicien offert spontanément au nouveau fabuliste, et accompagné d'une lettre infiniment flatteuse du Président et d'une autre du Secrétaire qui s'exprimait ainsi : « Le Président n'hésite pas de placer « vos fables à côté de celles de La Fontaine. Vous avez, suivant lui, laissé « bien loin derrière vous les Florian, les Arnault, les Le Bailly... »

naïveté parfaite, ne suffisent point encore ; mais qu'il faut que le poëte sache faire parler ses acteurs et inspirer au lecteur de l'intérêt pour les actions qu'il retrace. Jauffret possède toutes ces qualités du fabuliste (1).

Nées dans des temps peu favorables à la poésie, à une époque où de grands et mémorables événements subjuguaient l'attention du public, — les *Fables nouvelles* ont suivi la loi qui n'épargne pas les meilleures choses : l'oubli a suivi le succès. Et pourtant, ces Fables méritent d'être connues. Malgré les évènements politiques, la première édition s'écoula rapidement : ce qui suffirait à prouver qu'elles ne sont pas dépourvues de ce rare mérite qui est indépendant des circonstances (2).

Ce serait à la fois une œuvre de justice et un spectacle con-

---

(1) Le savant humaniste Lemaire portait le jugement suivant sur les fables de Jauffret, en rendant compte à une société savante de la traduction en vers latins faite par un fils du fabuliste, Adolphe Jauffret : « Je ne m'arrêterai pas « à relever le mérite des fables de M. Jauffret le père. Pourrais-je ajouter « quelque chose à l'estime si juste et si bien sentie, d'un recueil où, par « l'accord le plus heureux et le plus rare, se trouvent réunies des qualités qui « semblent devoir s'exclure : la simplicité et la finesse, l'abondance et la concision, le naturel de La Fontaine, l'art et l'esprit de Florian ? »

Michaud, l'historien des *Croisades*, le touchant poëte du *Printemps d'un Proscrit*, écrivait à Jauffret quelques jours avant le départ du navire qui l'emportait vers l'Orient :

« Mon cher et ancien ami »,

« Je suis fâché qu'une indisposition m'ait privé pendant quelques jours du « plaisir de vous voir ; j'avais à vous remercier de l'envoi de vos deux volumes « de fables que j'emporterai avec moi en Orient ; j'ai relu plusieurs de vos « fables que j'ai trouvées parfaites de grâce et de simplicité ornée ; j'ai lu avec « un grand plaisir la traduction latine, la postérité ne pouvait pas mieux « commencer pour vous ».

« Souvenez-vous de moi quand je serai au-delà des mers, votre pensée me « suivra sous le ciel de Bysance et de Jérusalem ».

« Adieu, mon très-cher ami ».

(Sans lieu ni date).

(2) Une seconde édition des *Fables nouvelles* parut en 1826 ; elle fut épuisée. Peu de temps avant sa mort, l'auteur en avait préparé une 3e édition, qu'il avait revue, corrigée et augmentée.

solant pour les hommes qui ont gardé encore, pur et sincère, le culte de l'intelligence, que le retour vers l'étude de ces œuvres consciencieuses, vraiment empreintes de l'amour de l'art, que l'ignorance et le goût de la nouveauté enveloppent de leurs dédains. Combien ces œuvres sont différentes de celles dont on nous sature quotidiennement ! De nos jours on cultive peu la vraie littérature : auteurs et lecteurs se laissent entraîner au courant de l'actualité. La plupart des écrivains sacrifient leur talent au dieu du jour : l'argent est le stimulant de leur esprit, et ils pensent, comme ils écrivent, selon les bénéfices qu'ils espèrent (1).

Jauffret ne connut pas ces tristes compromis : à ce titre, il serait encore un écrivain respectable, un bon et consolant exemple.

Les succès qu'obtinrent les *Fables nouvelles* engagèrent M. Jauffret à continuer de cultiver cette branche de la littérature, que beaucoup d'hommes de lettres ont traitée avec des talents si divers et des qualités si différentes : tant le domaine de l'apologue est vaste et séduisant.

« Après avoir charmé mes loisirs, dit-il, par la composi-
« tion de quelques fables.... j'eus la curiosité bien naturelle
« de vouloir connaître mes devanciers ; je formai une nom-
« breuse collection d'apologues, et je ne fis plus de promenade
« sans porter dans ma poche un fabuliste ancien ou moderne,
« français ou allemand, anglais ou italien.... J'aurais craint,
« en les étudiant d'avance, d'être découragé par les difficultés
« sans nombre qui, dans tous les genres de littérature, atten-
« dent les derniers venus (2) ».

---

(1) On conçoit bien que ces lignes ne sauraient atteindre les écrivains consciencieux qui honorent notre littérature, et ils sont encore nombreux, Dieu merci, les hommes qui font parmi nous un légitime et honorable emploi de leur talent.

(2) *Lettres sur les fabulistes*. T. 1er, *Lettre première*.

Dès lors, il se livra à des recherches intéressantes sur les fabulistes anciens et modernes, et en 1827, il put faire goûter au public les fruits de ses laborieuses investigations, en publiant un travail sous le titre de *Lettres sur les Fabulistes anciens et modernes*, en trois volumes.

C'est un cours de littérature fabulaire qui présente une sorte de galerie historique et biographique, depuis Vichnou-Sarma, regardé comme le patriarche des fabulistes, jusqu'à nos proches contemporains : Viennet, Arnault et le baron de Stassart. La lecture de cet ouvrage, unique en son genre, est agréable : le style en est gracieux, naturel et souple.

Ces *Lettres* sont mises à la portée des jeunes intelligences ; le luxe de l'érudition en aurait d'ailleurs rendu la lecture étrangère à la classe nombreuse de lecteurs à laquelle Jauffret avait voué sa plume. Les hommes studieux y puiseront néanmoins d'excellents documents ; les gens du monde y trouveront autant d'utilité que d'agrément.

Les vicissitudes que Jauffret venait de traverser, l'infortune qu'il subissait, semblaient devoir briser son courage. Mais, confiant dans l'avenir, toujours dominé par son esprit éclairé, et ces nobles sentiments qui devaient lui faire reconquérir la voie glorieuse qu'il avait déjà parcourue, il supportait ses malheurs avec ce calme, cette résignation profonde, qui sont la philosophie des cœurs généreux.

La Restauration modifia ses vues, et, dès 1815, il se rendit en Provence, où des souvenirs d'enfance, des relations de famille l'attiraient et paraissaient lui promettre des ressources qui devaient lui assurer le repos, si nécessaire à l'homme de lettres. Cette espérance, hélas ! fut un rêve : M. Jauffret eut encore à lutter contre cette mauvaise fortune qui le poursuivait sans cesse et qui devait déjouer ses nouveaux projets. Il vint fonder et rédiger à Marseille plusieurs journaux qui ne lui produisirent que des labeurs et des ennuis malgré la protection de l'autorité locale, ses soins assidus et sa facilité d'écrire.

Le 4 mars de cette même année, il fit paraître sous le titre de : *L'Éclaireur Marseillais et Journal de Provence* (1), le premier numéro d'une feuille politique dans laquelle il s'essayait à peindre les principales phases de la Restauration. Cette feuille paraissait toutes les fois que les circonstances donnaient lieu à quelque acte important de la vie politique ; sa bonne rédaction ne put la faire vivre, et elle fit place à une nouvelle feuille : le *Journal de Marseille et du département des Bouches-du-Rhône* (2).

Ce journal était conçu dans ce bon esprit qui dissipe les haines et éloigne toute idée de persécution et de réaction. Il n'avait pas cette allure triomphale que l'on reproche, avec raison, aux organes des partis vainqueurs ; c'était, en un mot, une feuille très-modérée, et d'une utilité généralement reconnue, à une époque où la presse locale manquait de nouvellistes.

M. Jauffret était dévoué à l'autorité légitime par conviction et par principes ; mais, essentiellement pacifique, il ne donna jamais lieu, dans ses écrits, à ces luttes qui sèment des éléments de discorde, qui font naître des sentiments d'animosité dont les conséquences sont souvent funestes aux vainqueurs et aux vaincus.

---

(1) In-8°, imprimé par Bertrand.

(2) Politique, administratif, commercial et littéraire ; in-4°, imprimé par Achard.

D'ailleurs, l'administration locale était alors confiée à des hommes d'une haute sagesse et d'un commerce agréable : le marquis de Montgrand, maire de Marseille, et le comte de Villeneuve-Bargemont, préfet du département, ne cherchaient pas dans la lutte des passions politiques l'inspiration de leur conduite.

Jauffret eut les relations les plus affectueuses avec ces deux honorables administrateurs dont la ville de Marseille garde un précieux souvenir. C'étaient aussi des hommes de goût et de savoir, et leurs talents ne se bornaient point aux connaissances administratives ; ils encourageaient et cultivaient même avec une certaine distinction les sciences, les lettres et les arts.

Mais la position de journaliste est toujours délicate, sous quelque bannière politique que l'on se place, et surtout dans un temps où les principes de stabilité n'étaient pas très-bien assis, car les gouvernements se succédaient du jour au lendemain. — Jauffret ne fut pas heureux dans ses entreprises ; le journal lui occasionna des pertes d'argent, des tracasseries, des embarras de toute espèce.

Animé de ce zèle qui pousse l'homme à tout ce qui peut être utile à son pays, il soumit au préfet un projet pour l'établissement d'une *École de Commerce*, à Marseille, dont le vaste plan paraissait offrir des avantages considérables, à en juger par le mémoire que j'ai sous les yeux, rédigé et écrit de la main de Jauffret, à la date du 18 novembre 1816.

D'après ce mémoire, cet établissement avait pour but de procurer à ceux qui se destinent au commerce, et à peu de frais, toutes les connaissances qui y sont relatives ; différents cours devaient y partager la journée, et comprendre : l'écriture, le calcul, la tenue des livres, la statistique, les changes et les opérations de banque, la géographie commerciale faisant connaître les productions particulières à chaque pays, l'histoire naturelle appliquée au commerce, l'histoire des voyages, la technologie, les arts et métiers et les langues vivantes les plus essentielles.

L'auteur de ce projet demandait la faveur de diriger la nouvelle institution et se proposait d'y faire lui-même les cours de géographie commerciale et d'histoire naturelle. Il mettait à l'usage de l'École et son propre cabinet et les cartes géographiques qu'il avait imaginées pour faciliter l'instruction des jeunes élèves (1).

Les vues de M. Jauffret furent-elles adoptées lors de la formation, en 1821, de l'*École de Commerce* dans notre ville?

Je lis dans la *Statistique des Bouches-du-Rhône* (2) que l'ouverture de cette École eut lieu le 3 mars 1821, et que, le 8 septembre suivant, le Conseil d'Instruction publique en confia la direction à M. Arquier, ancien professeur de mathématiques élémentaires au Collége de Marseille. Mais rien, dans cet excellent ouvrage, ne révèle l'auteur et le promoteur de cette institution; et, cependant, tout me fait supposer que c'est à M. Jauffret qu'en fut due la création; car la rédaction de l'article contenu dans la *Statistique* est

(1) M. Jauffret obtint les suffrages des administrateurs de la Cité: « J'ai reçu « avec la lettre que vous m'avez fait l'honneur de m'adresser le 18 de ce mois, « un aperçu du projet que vous aviez formé pour l'établissement d'une École « Royale de commerce à Marseille. L'exécution de ce projet me paraît, ainsi « qu'à vous, Monsieur, d'une très-grande importance pour une ville comme « Marseille; je sais en apprécier tous les avantages, et les connaissances que « vous avez acquises dans cette partie semblent devoir assurer le succès de « votre entreprise. Je ne puis, Monsieur, qu'applaudir à vos vues. Vous « pouvez compter sur tout mon appui pour les faire adopter par son Excellence « le Ministre de l'Intérieur... » *Le Comte de Villeneuve-Bargemont, préfet des Bouches-du-Rhône, à M. Jauffret, officier de l'Université Royale de France.* — Lettre autographe du 26 novembre 1816.

(2) Tome III, p. 537-538.

presque littéralement calqué sur le mémoire manuscrit en ma possession.

Plus tard, en 1819, M. Jauffret conçut aussi le plan d'établir une *Ménagerie de naturalisation*. Il en développa les avantages dans un mémoire qu'il soumit à M. de Villeneuve-Bargemont. Cet administrateur éclairé partagea les vues droites de M. Jauffret et fit l'éloge de son zèle et de ses connaissances étendues. Ce projet eut un commencement de réalisation (1), mais il ne put continuer à satisfaire les amis du progrès, par des raisons que nous n'avons pas à déduire ici. Nous ajouterons seulement que M. Jauffret, par amour pour la science, s'était chargé de choisir les animaux d'une facile acclimatation dans cette contrée et de donner toutes les indications qui pouvaient être utiles à leur conservation.

Ayant fait à Paris, pendant plusieurs années, des cours d'ethnographie et de zoologie, il ouvrit un cours semblable à Marseille, pour développer ses nouvelles observations et compléter ses travaux sur l'histoire naturelle.

L'ouverture de ce cours eut lieu dans la grande salle du Muséum, mise à la disposition du professeur par M. de Villeneuve-Bargemont ; il fut continué dans la salle où siége aujourd'hui l'Académie de cette ville. Le professeur traita d'abord de l'homme en général et de ses différentes races. Il exposa ensuite l'état actuel de la zoologie, et,

(1) En effet, dans plusieurs lettres adressées au Préfet (lettres en ma possession), Jauffret donne connaissance à ce magistrat de divers animaux dont il l'avait chargé de faire l'acquisition pour la ménagerie. Il se livre sur chacun d'eux à un examen dont la précision scientifique et les sages observations semblent devoir prouver que ce n'est pas en vain que le titre de *naturaliste distingué* lui fut donné à Paris dans le monde de la science.

après avoir donné une idée de ses dernieres recherches dans cette belle partie des sciences naturelles, il développa avec autant de clarté que de grâce et de savoir, l'histoire générale et particulière des animaux et spécialement des mammifères, des oiseaux, des reptiles, des poissons et des insectes. De nombreux auditeurs, parmi lesquels beaucoup de dames, les membres de l'Académie, assistèrent avec empressement aux débuts de M. Jauffret. Les pères de famille firent aussi participer leurs enfants à l'agrément et à l'utilité de ces cours : ils le pouvaient avec d'autant plus de confiance que le professeur se rappelait toujours que son plus beau titre était d'être appelé, comme Berquin, l'*Ami des Enfants et des Adolescents.*

Ces cours ne furent pas de longue durée : le goût de la nouveauté une fois satisfait, les amateurs d'histoire naturelle devinrent de plus en plus rare, les séances moins intéressantes, malgré les soins assidus du professeur et le charme de sa diction. Il fallut donc renoncer à professer l'histoire naturelle et se créer d'autres occupations.

M. Jauffret n'était pas homme à se laisser aller au découragement. Laborieux par excellence, il continuait à rédiger le *Journal de Marseille et des Bouches-du-Rhône* et prit la direction du *Mémorial Marseillais*, où il insérait des articles de littérature dramatique et de variétés (1). Il eût dû abandonner depuis longtemps ces publications, mais l'abîme était creusé.

La ville de Marseille n'était plus alors et n'est plus aujourd'hui, cette illustre Cité qui fut, suivant l'expression de Cicéron et de Pline, l'Athénée des Gaules, la sœur de Rome et la maîtresse des études. Toute l'attention de ses habitants se porte vers les spéculations du commerce et de

(1) In-8°, imprimé par Corentin Carnaud.

l'industrie; on y cultive peu la littérature: elle offrait donc bien peu de ressources à un homme de lettres. Je ne puis m'expliquer comment M. Jauffret, après un séjour de plusieurs années qui lui avait été nuisible, ne quitta pas Marseille pour retourner à Paris, où il était connu du monde lettré qui appréciait justement son savoir et son talent d'écrivain.

Lacépède, Raynouard et d'autres puissants amis l'engageaient à retourner à Paris, où il aurait pu occuper un emploi plus digne de lui; c'était aussi le chemin de l'Académie française; M. Jauffret avait assez fait pour mériter le fauteuil, et son admission n'était pas une chimère, car il avait d'avance les suffrages des plus illustres académiciens, la plupart ses anciens collègues des Sociétés savantes de Paris. Toutes ces espérances ne purent le décider à venir se fixer dans la capitale.

Pour fermer l'oreille aux propositions qui lui venaient de Paris et même de l'étranger, il fallait qu'il fut véritablement attaché à la ville de Marseille, où des entreprises ingrates et des opérations ruineuses lui avaient cependant fait une situation si précaire. Il y a de ces phases, dans l'existence d'un homme, dont on ne peut se rendre compte.

L'Académie de Marseille était, à cette époque, composée d'hommes distingués par leurs mérites et par leurs talents. M. Jauffret, qui comptait parmi les membres associés depuis 1806, assistait régulièrement à ses séances et y lisait des morceaux charmants et des fables spirituelles qui attiraient le public, et surtout les dames, si sympathiques aux séduisantes formes de l'apologue. Ces lectures étaient devenues indispensables à toute réunion académique (1). — En 1817,

---

(1) « Elles faisaient oublier la physiologie de la vigne et de l'olivier et la « biographie du savon. Nous lui devons d'avoir vu les séances de l'Académie « assez intéressantes pour que sa voix et celle de ses confrères ne se perdissent « pas dans une effrayante solitude... ». GASTON DE FLOTTE. *Essai*... ouvrage cité.

M. Jauffret fut admis en qualité de membre résidant ; ce fut l'une des plus brillantes admissions. Ses travaux littéraires, ses rapports sur divers points de la science, ses fréquentes lectures avaient captivé tous les suffrages. « Il « ajoutait tous les jours un nouveau lustre à sa gloire littéraire, par des fables que La Fontaine n'eût pas désavouées ; « et sa muse naïve et féconde excitait, sans cesse, de nombreux « applaudissements, — bien qu'il parût les avoir depuis long- « temps épuisés. La Compagnie se l'appropria comme un « bien qui lui appartenait, et se félicita toujours de posséder un « talent qui répandit, dans ses séances, autant d'instruction « que d'agrément (1) ».

A la mort de M. Croze-Magnan, M. Jauffret fut placé à la tête de la Bibliothèque communale de Marseille (2). C'était lui rendre justice. Pour un homme dont les goûts étaient si simples et si modestes, dont la littérature était la seule distraction, et qui n'avait jamais été un des heureux d'ici-bas, c'était revoir la patrie après un long séjour sur la terre étrangère.

Ce nouveau poste convenait parfaitement à M. Jauffret : il répondait à toutes ses aspirations et à sa longue fréquentation des choses de l'intelligence.

Là, se renfermèrent désormais tous ses désirs.

Il se dévoua à la Bibliothèque avec un attachement que l'on peut appeler un culte. Savant bibliographe, il put dans cette partie rendre tous les services à l'Établissement confié à ses soins, et auquel il consacra toute l'activité que lui inspiraient son zèle et son amour des lettres ; c'est à accroître (3), à coor-

---

(1) J.-B. Lautard : *Histoire de l'Académie de Marseille* ; Marseille, Achard, 1829, in-8°, T. II, pages 219-220.

(2) Sa nomination est du 12 novembre 1818.

(3) M. Jauffret fit don à la Bibliothèque de plusieurs ouvrages remarquables,

donner ses richesses que Jauffret employa toute son influence auprès de l'autorité locale, qu'il fit valoir tous les moyens en sa faveur pour solliciter des dons auprès du Ministère, auprès de ses amis avec lesquels il avait conservé les relations de sa jeunesse, auprès de toutes les grandes réputations qu'il avait vu s'élever (1). Ses sollicitations eurent tout les succès désirable. Encouragé par M. de Montgrand, maire de Marseille, il allait souvent à Paris dans le but d'augmenter la Bibliothèque ; et à chaque voyage, il obtenait un grand nombre d'ouvrages indispensables (2).

Il donnait ainsi l'exemple d'un dévouement que nous voyons poussé aux dernières limites dans la personne de son zélé et

---

et notamment de ses propres livres et d'une collection précieuse et fort rare de fabulistes français et étrangers composée de 80 volumes.

(1) Pour ceux qui jugent l'homme par ses amis, nous dirons que Jauffret en comptait un grand nombre des plus illustres dans tous les rangs de la société. Outre Florian, Lacépède, Hallé, Cuvier, de Jussieu et MM. A.-A. Barbier, Charles Pougens, Mercier, l'auteur du *Tableau de Paris*, le baron Chassériaux ; Mgr l'Évêque d'Hermopolis, Quatremère Disjonval, Jaume Saint-Hilaire, Dugas-Montbel, le baron de Ladoucette, Émeric David, le baron de Stassart, les généraux Delort et de La Roche, David d'Angers, Raynouard, Mollevaut, Panckoucke, de Vaublanc, Agoub, Garcin de Tassy, Reinaud, Poujoulat, Champollion jeune, Lourdoueix, Mesdames Mélanie Waldor, Amable Tastu, Elisa Mercœur, etc., ont été liés avec Jauffret. L'illustre auteur des *Méditations* partageait aussi avec lui une douce amitié. Le poëte n'oublia point l'accueil que lui fit l'Académie de Marseille, lors de son voyage en Orient. « Je veux emporter « aussi, dit-il, les noms de ces hommes qui m'ont le plus particulièrement « accueilli et dont le souvenir me restera comme la dernière et douce impres- « sion du sol natal : MM. de Villeneuve, Autran, Jauffret, etc., tous hommes « distingués par une qualité éminente du cœur et de l'esprit, écrivains ou poëtes; « puissé-je les revoir et leur payer à mon retour tous ces tributs de reconnais- « sance et d'amitié qu'il est si doux de devoir et si doux d'acquitter. » LAMARTINE, *Voyage en Orient*, t. 1, p. 6-7, Éd. Gosselin, 1835.

(2) « Je vous sais bien bon gré, et notre Bibliothèque vous a une grande « obligation, des soins que vous avez donnés, dès votre arrivée et avec un succès « si satisfaisant, à diriger vers elle les dons du gouvernement. La riche no- « menclature des ouvrages que vous avez déjà recueillis justifie au plus haut « degré sur ce point mes remercîments et mes éloges. MARQUIS DE MONTGRAND » *Lettre autographe à M. Jauffret, Bibliothécaire de la ville de Marseille, Grand Hôtel de Tours, à Paris,* du 10 octobre 1827.

habile successeur, M. J.-B. Reynier, qui a conquis tant de droits à la reconnaissance de ses compatriotes et au titre de *restaurateur de la Bibliothèque de Marseille.*

Cet établissement, l'un des plus considérables de la province, est redevable à M. Jauffret d'améliorations en tout genre et d'innovations utiles ; on lui doit notamment d'avoir le premier catalogué les manuscrits, jusque-là laissés dans un état déplorable ; il en fit le classement qu'il accompagna d'utiles notes. Ce fut aussi M. Jauffret qui, sous M. Consolat, maire, présenta au Conseil municipal un mémoire sur les moyens à prendre pour ouvrir la Bibliothèque le soir, mémoire qui fut adopté.

Depuis la perte de son estimable Secrétaire perpétuel, M. Croze-Magnan, l'Académie de Marseille n'avait pris aucune décision pour lui nommer un successeur : son choix ne fut pas longtemps indécis : « le plus laborieux, le plus assidu de ses « membres, celui dont le caractère aimable et liant, et l'esprit « juste, actif et conciliant, attirait à lui tous les suffrages, « devait naturellement mériter cette honorable préférence. « C'est presque dire que M. Jauffret, depuis peu de temps « nommé Bibliothécaire, était le candidat présenté par l'Aca- « démie. En effet, il fut proclamé Secrétaire pour la classe « de Littérature et d'Histoire et pour celle des Beaux-Arts ; il « répondit noblement à l'appel que lui fit la Compagnie, et « depuis cette époque il n'a cessé de justifier par son zèle et « ses talents la confiance qu'elle lui avait accordée (1) ».

---

(1) LAUTARD, *Histoire de l'Académie de Marseille*, t. II, p. 235. En 1823, M. Félix Lajard fit don à l'Académie d'un buste de *Modius Asiaticus*, jeune médecin grec distingué, et d'un plâtre du monument persépolitain, rapporté de la Perse méridionale par Mihaud. M. Jauffret fit un rapport sur ces deux objets, « où brille, à un très haut degré cet esprit de recherche qui le caractérise. Ils « sont déposés dans le lieu des séances de l'Académie et rappelleront sans cesse « le souvenir d'un confrère dont l'obligeance et les talents lui seront toujours « chers. » *Histoire de l'Académie*... Ouvrage cité, t. II, p. 265.

Jamais l'Académie de Marseille n'eut un Secrétaire perpétuel plus zélé ; un aimable savant, qui a depuis longtemps toutes mes sympathies, me disait naguères encore que M. Jauffret donnait aux séances publiques de l'Académie le plus vif attrait par les lectures qu'il y faisait avec un goût et un esprit rares.

Malgré les occupations si multiples que lui imposaient ses diverses fonctions remplies avec tant d'activité et de soin, M. Jauffret trouvait encore des heures de loisir à consacrer à l'apologue, son genre favori, à compulser les Chroniques marseillaises, à rédiger dans les Revues et dans les Journaux des comptes-rendus du Salon, des appréciations littéraires, et surtout des notices biographiques des Provençaux célèbres que publia la *Biographie* de Michaud et de Weiss (1). « Il avait cet « esprit de recherche qui caractérise le bibliographe, et une « aménité de caractère, une douce obligeance qui le faisaient « aimer de tout homme de lettres qu'il accueillait avec cet « art qui rend la complaisance plus précieuse encore (2) ». Cet éloge ne sera démenti par personne ; bien des savants, des hommes distingués pourraient encore dire combien il fut mérité.

De 1819 à 1838, il publia une série d'ouvrages la plupart d'un grand intérêt local (3). Je citerai :

Pièces historiques sur la Peste de Marseille et de quelques autres lieux de Provence, en 1720, 1721 *et* 1722, 2 vol. *in*-8°.

Le Conservateur Marseillais, 1828, 2 vol. in-8°. M. Jauffret s'était proposé d'insérer dans ce journal littéraire des fragments les plus précieux et les plus curieux des ouvrages

---

(1) Conservateur de la bibliothèque de Besançon, savant littérateur et bibliographe qui avait les relations les plus affectueuses avec Jauffret.

(2) GASTON DE FLOTTE. *Essai.*

(3) Les journaux les plus estimés de Paris rendirent un compte avantageux de ces ouvrages.

imprimés et manuscrits de la Bibliothèque. « Ce projet eut un « commencement d'exécution ; et réellement les livraisons « qui virent le jour justifièrent parfaitement le titre du Journal, « le talent et le goût du Rédacteur (1) ».

Ce recueil est d'une rareté qui désespère nos bibliophiles marseillais.

Le *Courrier des Familles ou les Soirées à la maison* (2).

Enfin il fut le principal créateur et l'éditeur des quatre premiers volumes de la *Ruche Provençale*, un autre recueil littéraire devenu rare, contenant des notices historiques sur la Provence. Il n'est peut-être pas sans intérêt de dévoiler ici les noms des principaux collaborateurs qui ont inséré des articles dans ce recueil, signés simplement de leurs initiales. Ainsi : Lautard (Jean-Baptiste) a signé : *L.* les *Lettres archéologiques sur Marseille*. M. de Villeneuve-Bargemont, préfet, se cachait sous les initiales *C. V.* Les Fables, Romans, Contes, fragments d'ouvrages et diverses notes qui portent la lettre *J.* sont de Jauffret. La lettre *M.* nous cache M. le Marquis de Montgrand, maire. L'initiale *G.* nous révèle Gaudet, professeur au Lycée de Marseille. Pontier, d'Aix, signait : *P.* On reconnaît aux initiales *F. V.*, l'auteur de l'*Histoire de Réné d'Anjou*, François de Villeneuve-Bargemont. Le savant archi-

---

(1) *Histoire de l'Académie de Marseille*. T. III, p. 125.
« On ne peut pas montrer dans un ouvrage de ce genre plus de goût et de « sagacité que ne fait M. Jauffret ; nous lui conseillons de conserver toujours « dans son recueil la même diversité. Diversité, c'était la devise de La Fon- « taine : elle revient à M. Jauffret comme un héritage... ». *Le Messager de Marseille*, du 29 mars 1828, journal qu'on ne saurait suspecter.

(2) « Il est sinon ridicule du moins inutile d'entreprendre ici l'éloge de la nou- « velle publication de M. Jauffret. Le style du *Courrier* est à la portée de tout « le monde. Si vous voulez vous en faire une idée, ne vous figurez point les re- « cueils enflés de superbes images, de phrases nerveuses et longues à mourir « d'effroi ou d'ennui ; mais rappelez-vous les naïvetés du bon La Fontaine, « l'esprit et l'à-propos de Berquin. » *Le Messager* du 16 janvier 1831.

viste de Toulon, ancien Bibliothécaire de la ville de Perpignan, M. Dominique Henry, s'est trahi avec son masque : *D. H.* Bressier, le fabuliste, a donné quelques apologues signés : *B.... d'Aix*.

En 1823, M. Jauffret rédigeait aussi le *Journal de la Méditerranée*, qui continua le *Journal de Marseille* jusqu'au 30 décembre 1826.

Toutes ces publications ne firent pas sa fortune : l'époque n'était pas favorable, du reste, à ces sortes d'entreprises. De nouvelles luttes politiques se préparaient. Notre pays allait éprouver encore de nouvelles secousses, toujours nuisibles à l'homme de lettres.

La Révolution de 1830 fut un orage qui le menaça sans l'atteindre. On voulait le remplacer dans ses fonctions de Bibliothécaire comme le furent, à la même époque, dans leurs emplois tant d'autres personnes. On opposait à M. Jauffret un homme qui était loin d'aimer les livres et n'avait aucune espèce de connaissances bibliographiques. Mais c'était l'homme de l'opinion, et cela avait paru suffisant pour le placer à la tête de la Bibliothèque (1).

M. Jauffret résista, et l'on eut le bon esprit de ne point le forcer à donner sa démission. Je rends hommage à l'*Académie de Marseille* qui, dans cette circonstance, donna une preuve éclatante de l'intérêt qu'inspirait l'homme qu'elle avait choisi pour son Secrétaire perpétuel. Elle nomma une Commission composée de plusieurs de ses Membres, qui remit au Maire une adresse (2) dans laquelle on faisait valoir le zèle, les talents

---

(1) Cette nomination était pourtant contraire aux statuts qui régissaient la Bibliothèque, car, lors de sa fondation, l'Académie donna 6,000 volumes, et en reconnaissance de ce don, la Ville décida que le bibliothécaire serait toujours choisi parmi les académiciens.

(2) Nous donnons un extrait de cette adresse : « Vous n'ignorez pas, M. le « Maire, que M. Jauffret ne fut appelé à la Bibliothèque que parce qu'il était

et les services de M. Jauffret, et où on réclamait la bienveillance pour cet excellent vieillard dont la position et le caractère commandaient le respect et la plus vive sympathie.

Cette requête n'obtint pas de réponse, mais elle produisit le résultat qu'elle avait pour but d'obtenir. M. Jauffret fut maintenu dans ses fonctions. Dès lors, son repos fut assuré, et son existence s'écoula paisiblement au milieu des livres et des occupations littéraires qui faisaient le charme de sa vie. Quoique avancé en âge, il cultivait toujours l'apologue; il ne manquait aucune séance académique où il faisait applaudir de charmantes productions qui prouvaient que son intelligence et son cœur n'avaient pas vieilli (1). Il avait, par un heureux privilége de son caractère, conservé sans altération cette bonhomie, cet esprit fin et droit, cet enjouement et toutes ces qualités enfin qui l'avaient toujours distingué.

Voici un apologue plein de vigueur et de bon sens, que je détache d'une brochure où sont réunies quelques fables lues

« l'un des Secrétaires perpétuels ds l'Académie... Il jouit à un très-haut degré « de l'estime de ses confrères et du public : il a doté la Bibliothèque publi- « que de sa bibliothèque particulière, et par des instances réitérées auprès de « l'autorité supérieure, les plus riches présents ont augmenté prodigieusement « la valeur des trésors dont la garde lui est confiée. Il professe des principes et « des opinions avoués par cette classe nombreuse d'hommes de bien à la- « quelle on s'honore d'appartenir. Etranger à la politique, éloigné de toute « exagération, il trouve son bonheur dans l'accomplissement de ses devoirs... » Les signataires de cette adresse étaient : MM. Abeille, vice-président, Toulouzan, J. J. Blanpain, Esprit Tocchi, Augustin Aubert, Macarry, le docteur Robert, le Chevalier du Demaine, Jossaud, Négrel-Féraud, Poize, Hipp. de Villeneuve, Em. Bazin, Louis Brunet, Vincens, Alph. Rostan, Hubaud, Paul Autran, secrétaire perpétuel. V. *Histoire de l'Académie*, t. III, p. 128-134.

(1) On lit, en effet, dans le discours de réception à l'Académie de M. le baron Gaston de Flotte, inséré dans la *Gazette du Midi*, du 1er septembre 1840 : « qu'on ne pouvait mieux terminer la séance que par la lecture de quelques « fables de M Jauffret. Cet excellent vieillard n'a pas vieilli quant aux qualités « aimables de son talent; elles sont toujours aussi vives, aussi fraîches qu'au « plus beau temps de sa carrière littéraire... »

aux séances de l'Académie (1). On ne lira pas sans émotion cette fable intitulée : *le Fils du Lion de Némée*, dernière production de sa muse naïve, dernier soupir d'un écrivain qui semblait pressentir sa destinée, l'oubli de ses œuvres :

Quand dans ses bras nerveux Hercule eut étouffé
Le terrible Lion qui ravageait Némée,
Monstre dont, avant lui, nul n'avait triomphé,
L'Argolide cessa de gémir opprimée.

Un fils de ce Lion existait cependant,
Lionceau plein de cœur, mais doux par caractère,
Pacifique surtout, n'ayant rien de son père
Que la crinière fauve et l'œil étincelant.

Trop jeune encore, et ne voulant
Ni régner après lui, ni venger sa défaite,
Il répudie un sceptre odieux et sanglant,
Quitte le monde, et va, sujet indépendant,
Au pied d'un mont lointain choisir une retraite.

Son antre fut un sûr abri
Où le soupçon ne put l'atteindre.
Il y vécut quinze ans, de ses voisins chéri,
Sans les défier ni les craindre.

Un jour pourtant voilà qu'il ressent dans son cœur
Un petit retour vers la gloire.
Je vieillis, se dit-il, je vois la mort sans peur ;
Mais si je ne fournis une page à l'histoire,
Je mourrai tout entier. Comme un germe avorté,
Dans le fleuve d'oubli mon nom sera jeté.

Évitons cette honte. Usons de stratagème.
Sachons nous créer à nous même
Un monument qui passe à la postérité,
Et qui lui dise au moins quel grand nom j'ai porté.

Sur l'un de ces rochers dont ma grotte est formée,
Et qui doivent durer autant que l'univers,
Tâchons, avant ma mort, d'inscrire ce seul vers :
Ici vécut le fils du Lion de Némée.

Émerveillé d'un tel dessein,
Le Lion se met à l'ouvrage,
Son ongle lui sert de burin ;
L'orgueil enhardit son courage ;

(1) *Quelques fables inédites, lues à l'Académie.* Marseille, Achard, 1838, br. in-8° de 24 pages.

Déjà dans son enchantement
Il a de sa griffe royale
Ecrit un *I* très-apparent
Sur sa pierre monumentale ;
Quant tout à coup s'apercevant
Qu'un quartier de roche le gêne,
Et masque cet œuvre étonnant
Qu'il poursuit avec tant de peine,
Il fait pour l'arracher un effort surhumain.
Mais qu'en arrive-t-il ? Un désastre soudain.
Cette roche enlevée entraîne ses voisines,
Fait écrouler le souterrain ;
Et l'écriture, et l'écrivain
Restent ensevelis sous les mêmes ruines.

Que d'Auteurs ici-bas (le monde en est rempli)
Qui, bercés d'un beau rêve, et poursuivant une ombre,
Cherchent à se survivre, et tombent dans l'oubli
Avec leur œuvre inaccompli !
Je crains, un de ces jours, d'en augmenter le nombre.

Hélas ! plus que tout produit humain, les œuvres de l'esprit ont leurs vicissitudes : *habent sua fata*.... Combien d'écrivains de mérite partagent l'oubli qui s'est fait autour du nom de Jauffret ! Réparons ces injustices du sort, nous souvenant de cette sage parole de Montesquieu : « Les « livres de pur esprit ont des utilités générales ; et ces sortes « d'avantages sont souvent plus grands que des avanta- « ges particuliers. . . Mais, indépendamment de ces con- « sidérations, les livres qui recréent l'esprit des honnêtes « gens ne sont pas inutiles. De pareilles lectures sont les « amusements les plus innocents des gens du monde, puis- « qu'ils suppléent presque toujours aux jeux, aux débau- « ches, aux conversations médisantes, aux projets et aux « démarches de l'ambition (1) ».

Parmi les livres de M. Jauffret, il y aurait donc au

(1) *Œuvres de Montesquieu*. Paris. De Bure. MDCCCXXVI, T. 1er, pages 285-287.

moins un choix à faire: *Les Charmes de l'Enfance et les Plaisirs de l'Amour maternel*, ces délicieuses pages pleines de fraîcheur, ce gracieux paysage, chef-d'œuvre de sensibilité naturelle, les *Fables nouvelles*, et ses travaux sur les fabulistes, seraient fort goûtés, je crois, par les vrais amis des bonnes lettres. Ces livres me paraissent dignes d'être remis en lumière.

Il a laissé sur l'histoire physiologique des différentes races d'hommes, un ouvrage manuscrit, élégamment écrit et savamment pensé, qui pourrait prendre rang parmi nos bons travaux ethnographiques, et dont on doit regretter aussi le défaut de publicité.

Au mois de septembre 1838, au retour d'un voyage que M. Jauffret fit à Paris, s'étant arrêté à Lyon où il avait de nombreux amis, il fut atteint d'une attaque d'apoplexie qui lui paralysa le côté droit; il put néanmoins revenir à Marseille. Sa convalescence fut longue; on peut dire qu'il ne se releva jamais d'une manière complète. La position de cet excellent vieillard inspirait la plus grande pitié : il réclama le repos que son âge et ses infirmités lui rendaient nécessaires ; ce ne fut pourtant que plusieurs mois après ce cruel événement, que la ville de Marseille lui donna un successeur en la personne de Joseph Méry, l'un des auteurs si connus de *Napoléon en Égypte*.

M. Jauffret reçut le titre de bibliothécaire honoraire. Mais il ne devait pas jouir longtemps de son honorable retraite, et lorsque, entouré de soins, délivré, sans que sa position en eût souffert, des soucis d'une administration importante, il pouvait enfin réaliser le vœu d'un ancien, *otium cum dignitate*, il fut enlevé à l'amour de ses enfants, à l'affection de sa famille et de ses amis.

M. Jauffret s'éteignit doucement dans les travaux agréables et faciles du secrétariat perpétuel de l'Académie ; il s'éteignit presque sans douleur dans la soirée du vendredi 11 décembre 1840, entre les bras d'une de ses nièces accourue pour veiller à sa santé qui allait s'affaiblissant chaque jour.

Ses obsèques eurent lieu le lendemain. Un grand concours d'amis accompagna sa dépouille mortelle au cimetière Saint-Charles. Les derniers devoirs furent rendus à cet homme vénérable d'une manière touchante, tandis que la nuit s'avançait et à la lueur de quelques torches allumées autour de l'humble fosse, où fut déposé le cercueil.

M. Joseph Méry prononça un éloge (1) avec une émotion qui fut vivement partagée autour de lui, et qui exprimait la pensée et la douleur de tous. Je ne veux citer ici de cet éloge que ces simples mots :

« Pendant un demi-siècle d'exercice littéraire, *Louis-* « *François Jauffret* n'a pas écrit une seule ligne qu'il eût « voulu effacer hier matin, à l'aurore de son dernier jour « et du premier de son éternité. C'est le seul et le plus « bel éloge qu'on doive faire ici d'un écrivain, à une épo- « que où la plume du lendemain devrait si souvent corriger « les erreurs de la veille (2) ».

M. du Demaine, président de l'Académie de Marseille, prononça à son tour un discours qui fut écouté avec le plus profond recueillement.

---

(1) Voir cet éloge à l'Appendice.

(2) « Le discours remarquable prononcé sur la tombe de M. Jauffret par « son successeur Méry, ne nous laisse rien à ajouter à l'éloge de cet excel- « lent homme. La douceur de son caractère, la finesse de son esprit se peignaient « dans ses ouvrages et surtout dans ses fables, dont l'ingénieuse naïveté « rappelle souvent La Fontaine. Le public marseillais les appréciait si bien « qu'elles étaient devenues partie indispensable de toute séance académique, « et le bon vieillard était si exact qu'il n'en a pas laissé chômer l'auditoire, « même dans les derniers mois de sa vie ». *Gazette du Midi*, 14 déc. 1840

C'est la dernière parole qui se soit élevée depuis, en faveur de Jauffret.

En étudiant cette vie si agitée et si bien remplie, un sentiment douloureux s'est emparé de moi à plusieurs reprises ; après l'avoir esquissée, un sentiment de profonde tristesse me reste. Pauvre Jauffret ! il avait consacré toute son existence et employé sa fortune à l'instruction et au bonheur de ses semblables : la mort a moissonné cette vie, et sur une fosse à peine fermée, le silence le plus injuste est gardé... Pas un souvenir ! pas un regret !...

Il y a quelques années, on pouvait encore voir au cimetière Saint-Charles l'emplacement où les restes de M. Jauffret avaient été déposés ; une croix en bois surmontée d'une couronne d'immortelles qu'une main inconnue y avait placée, était tout l'ornement de cette sépulture. Lorsque je comparai ce spectacle à l'honneur de la noble existence ensevelie là, un sentiment difficile à exprimer me saisit. Tandis que les larmes me montaient aux yeux, un vague désir de réhabilitation s'empara de ma pensée ; mais, étais-je capable d'une telle œuvre ?... Je suis retourné au cimetière. Hélas ! il ne restait plus aucune trace de cette tombe...

Depuis ce temps, mon premier projet m'a obsédé plus que jamais. La *Société Académique du Var* m'a offert l'occasion d'accomplir cet acte de justice, et ne trouvant pas en moi cette puissance qui réveille la sympathie éteinte, j'ai résolu de faire parler le cœur, et les faits plus éloquents.

Puissent les suffrages du lecteur achever cette œuvre sincère et contribuer à ramener l'attention de mes compatriotes sur un écrivain qui est peut-être, en la première moitié de ce siècle, une des vraies et des plus pures gloires de la Provence !

Marseille, le 29 Décembre 1868.

APPENDICES

APPENDICES

NOTICE SUR LA FAMILLE JAUFFRET

Le tableau que nous venons d'esquisser serait incomplet si nous n'y ajoutions le cadre qui doit achever de le rendre digne d'être offert au public.

Nous nous reprochons d'avoir jusqu'ici gardé le silence sur les frères, les enfants et les neveux de M. Jauffret. Il n'est peut-être pas sans intérêt de voir l'homme dans sa famille, dans l'entourage de son intérieur.

On peut dire que les talents et les vertus étaient et sont héréditaires dans la famille Jauffret. Combien on sent les effets de la bonne éducation, de l'instruction brillante que Gaspard-Jean-André Jauffret avait données à ses enfants. Il serait à désirer que tous les pères suivissent cet exemple et comprissent que le plus bel héritage qu'on peut léguer à ses enfants n'est pas la fortune du millionnaire, mais les trésors du cœur et de l'intelligence.

I.

Gaspard-Jean-André-Joseph Jauffret (1) frère aîné, voué à la carrière écclésiastique, obtint dans la capitale les plus brillants succès par ses productions et par ses grandes vertus.

Publiciste sous la Révolution, il défendit, avec ardeur, les vrais principes, contre le philosophisme des encyclopédistes, se

(1) La plupart des faits concernant Monseigneur Jauffret ont été puisés, dans une *Notice* qu'un de ses amis avait rédigée dans la *France Chrétienne*, en 1823.

prononça courageusement contre la *Constitution civile du Clergé,* dans les *Annalesde la Religion et du sentiment*, journal hebdomadaire (1) qu'il avait fondé, et qui obtint beaucoup de succès. Des hommes distingués, amis de M. Jauffret, s'associèrent à l'entreprise de cette publication: c'étaient les Abbés de Boulogne, prédicateur ordinaire du Roi, plus tard Évêque de Troyes, Sicard, instituteur des sourds-muets, et Pey (2), chanoine de Paris.

Le décret solennel qui déclara « la patrie en danger »,obligea M. Jauffret à s'enfuir, et, après la terrible insurrection du 10 Août, il se réfugia à Orléans, ensuite à La Roque-Brussanne, où il écrivit des ouvrages dans lesquels il soutint la cause de la Religion, en confondant l'incrédulité, en combattant énergiquement les erreurs et les passions.

Après le 9 Thermidor, il reprit l'exercice de son ministère, et fut un des premiers à ouvrir les portes de l'Église qui lui avait donné le baptême.

Retourné à Paris, il fonda un nouveau journal religieux, les *Annales Catholiques*, dont il fut le seul rédacteur pour les dix-huit premiers numéros. Cette feuille à laquelle collaborèrent ensuite les abbés Sicard et de Boulogne, fut supprimée et les rédacteurs condamnés à la déportation.

A l'époque du Concordat, M. Portalis, Directeur des Affaires Ecclésiastiques, appréciant les mérites de M. Jauffret, le présenta pour occuper un siège de l'Église de France. On l'avait nommé Administrateur de l'Évêché de La Rochelle, mais Bonaparte le désigna comme devant succéder au titulaire. Sur ces entrefaites, le Cardinal Fesch, nommé Archevêque de

(1) Ce journal fut l'origine de l'*Ami de la Religion et du Roi* qu'a rédigé Picot, V. Barbier. — *Dictionnaire des Anonymes*.

(2) Né à Solliés-Pont (Var).

Lyon, exprima le désir d'avoir pour Grand Vicaire M. Jauffret, qu'il avait connu au séminaire d'Aix. Il accepta cette dernière place où, pendant l'Ambassade du Cardinal à Rome, il jeta les bases de plusieurs établissements, tels que des séminaires et des écoles chrétiennes, et coopéra puissamment à la restauration d'une des plus antiques Métropoles des Gaules, en dissipant les divisions suscitées par le Clergé constitutionnel.

L'abbé Jauffret devint, par la suite, l'un des prélats les plus distingués de l'Église de France.

En 1804, il était aumônier de Napoléon Ier ; plus tard l'Impératrice Marie-Louise le choisit pour son confesseur, et il fut créé Comte de l'Empire et officier de la Légion-d'Honneur.

Nommé ensuite à l'Évêché de Metz, il se livra à toutes les bonnes œuvres que son zèle lui inspirait.

L'Empereur l'avait désigné, en 1811, pour occuper le siège archiépiscopal d'Aix. Il administra ce diocèse pendant quatre ans, avec une modération et une réserve qui lui attirèrent la plus profonde estime et de nobles sympathies. Ce poste permit au vénérable Prélat de revoir le toit paternel, et ses visites pastorales étaient de véritables fêtes pour les bons habitants de La Roque-Brussanne. On n'a pas oublié la taille noble et imposante de Monseigneur Jauffret, sa belle physionomie où rayonnaient dans toute leur splendeur l'enthousiasme et la charité, et son regard où on lisait les secrets de sa grande âme !

Qu'il me soit permis de m'adresser un instant à mes compatriotes, en consignant ici un cher souvenir, inspiré par un sentiment d'amour filial, et que je suis heureux d'offrir à La Roque-Brussanne, comme un tribut de reconnaissance ; c'est une fête touchante, célébrée en l'honneur de Monseigneur Jauffret, que je trouve relatée dans les Archives municipales.

Le lecteur indulgent me pardonnera de l'entretenir de choses dont l'intérêt est peut-être bien minime pour lui ; mais, dussé-je encourir un reproche, puis-je taire une circonstance qui me procure l'occasion de rendre hommage à d'honorables sentiments?

Le Conseil Municipal de la Commune de La Roque-Brussanne, accueillit avec enthousiasme la nomination du Prélat à l'Archevêché d'Aix. Il vota une adresse pleine des meilleurs sentiments, empreints de cette sincérité qui caractérise le Provençal (1). Le Prélat répondit à cette marque spontanée d'une

---

(1) Délibération du Conseil Municipal portant la date du 24 février 1811, approuvée par arrêté du Préfet le 11 mars. « *Adresse du Conseil Municipal de « Roque-Brussane à Monseigneur le Baron Jauffret, évêque de Metz, nommé à « l'Archevêché d'Aix.* »

« MONSEIGNEUR,

« Les distinctions les plus flatteuses, les honneurs les mieux mérités ont été, « nous n'en doutons pas, les moyens dont la divine Providence a bien voulu « se servir pour récompenser les travaux apostoliques que, dans des temps « malheureux, on vous a vu faire dans ces heureuses contrées et dont nous- « mêmes avons été les témoins et les admirateurs. L'exemple qu'on vous a « toujours vu donner de toutes les vertus, le zèle infatigable pour la gloire de « Dieu qui n'a cessé de vous animer, les rares talents que vous avez manifestés « dans la cause de la religion, dont vous avez été l'un des plus intrépides dé- « fenseurs, ne devaient pas être perdus pour vous, et méritaient d'obtenir, « même en ce monde, un prix proportionné à leur importance. L'Eglise en « vous honorant de ses plus beaux titres, le souverain en vous décernant les « récompenses qu'il a créées pour le mérite, n'ont donc fait que rendre justice « à celui qui distingue éminemment Votre Grandeur.

« Votre pays natal, reconnaissant de tout ce que vous avez fait pour lui « dans les jours de tristesse et de deuil, n'a pu, n'en doutez pas, vous voir « passer successivement par tous les degrés de gloire, sans éprouver la joie la « plus vive, ni se défendre d'un secret mouvement d'orgueil en apprenant tous « vos triomphes. Si quelque chose pouvait tempérer l'éclat de sa joie, c'est que, « tandis qu'on lui enviait l'honneur de vous avoir donné le jour, il avait à « envier à son tour aux régions heureuses de la Lorraine le bonheur de vous « posséder et de profiter de vos instructions.

« Le décret Impérial du 5 Janvier dernier qui nomme Votre Grandeur au « gouvernement de ce Diocèse, remplit tous les désirs de notre cœur et ne « nous laisse d'autre vœu à former que celui de la revoir et de la posséder « dans nos murs. Ce bonheur après lequel nous soupirons ardemment, vous « devez à l'amour que nous vous portons de nous le procurer ; il sera bien doux « aux habitants de votre pays que vous avez instruits, édifiés, consolés, de vous « revoir après dix-sept ans d'absence ; qu'il nous soit permis en attendant de « jouir de cette douce satisfaction, de pouvoir offrir en corps de commune, à

vive sympathie par ces bonnes paroles : « Vous ne devez pas « douter qu'une de mes plus douces consolations ne soit celle « de recevoir mes chers compatriotes, que j'ai toujours portés « d'une manière plus particulière dans mon cœur. Il me tarde « maintenant toujours plus d'arriver à Aix pour être plus près « de vous et y recevoir vos deux honorables députés. Je regar- « derai ensuite comme un moment bien heureux celui où il « me sera permis de vous faire ma première visite ...».

Monseigneur Jauffret arriva à Aix en 1812, et se rendit aussitôt à La Roque-Brussanne, où il fut reçu par la population entière et par le Corps Municipal. M. Richard, Maire, prononça un discours (1) chaleureux, auquel Monseigneur répondit

---

« Votre Grandeur l'hommage du respect et de la vénération que nous portons « aux éminentes qualités qui la distinguent et d'être auprès d'elle, les inter- « prètes de la joie publique que la nouvelle de sa nomination à l'Archevêché « d'Aix a excité dans son pays natal ; elle est telle, que chacun de ses habitants « n'a pu s'empêcher de s'attribuer une portion de la gloire que Votre Grandeur « fait rejaillir sur lui, et que l'avantage d'être votre compatriote est devenu, « pour chacun d'eux, le plus glorieux titre.

« Nous osons nous flatter, Monseigneur, que l'expression des sentiments « que vos vertus ont fait naître dans les cœurs de tous les habitants de « La Roque-Brussane recevra un accueil favorable de Votre Grandeur, et que le « Corps Municipal de la Commune, qui a l'honneur en ce moment de leur servir « d'organe, aura l'avantage d'être plus particulièrement distingué par elle. Cette « confiance nous enhardit à joindre aux sentiments que nous venons de lui « exprimer, les vœux que nous formons pour que son voyage soit heureux, « et que sa mission évangélique produise tous les fruits que l'on doit attendre « des soins d'un pasteur vigilant qui joint la piété la plus solide, au zèle le « plus éclairé.

« Nous sommes de Votre Grandeur, Monseigneur, les très-humbles et très- « affectionnés serviteurs et compatriotes ».

(*Signé*) Roubaud. — A. Fabre. — Canolle. — Blachas. — A. Revest. — Chauvet. — A. Héraud. — Amic.— Reymonenq. — A. Amic, cadet, *secrétaire*. — Prosper Amic, *maire*.

(1) « *Discours prononcé par M. Jean-François Richard, maire, au nom du « Corps Municipal, à Monseigneur le comte Jauffret, archevêque d'Aix, à « son arrivée à la Roque-Brussane, le 16 janvier* 1812.

« Organe du corps Municipal et des habitants de ce lieu de Roque-Brussane, « je viens vous apporter, Monseigneur, le tribut de leurs sentiments de respect

« qu'il était flatté de l'amour que lui portaient ses concitoyens, « qu'il les portait dans son cœur et qu'il leur ferait tout le bien « dont il pourrait être capable. Il a témoigné des sentiments « affectueux pour M. le Maire et le Corps Municipal. Il a « été pénétré des mouvements de joie que manifestaient les « nombreux habitants qui étaient allés à sa rencontre à la « suite et en précédant le Corps Municipal (1) ».

Voici le compte-rendu de la brillante réception faite au Prélat et des fêtes qui eurent lieu pendant son séjour. Je le transcris littéralement sur les registres de la commune : « cinquante hussards en uniforme sont montés à cheval ; « un piquet de dix a été au devant de lui à Saint- « Maximin ; la garde bourgeoise au nombre de cent-cinquante « a pris les armes et a escorté Monseigneur à son arrivée ; le

---

« de vénération et d'amour pour Votre Grandeur ; daignez les agréer avec « bonté.

« Monseigneur,

« Il ne nous appartient pas de vous complimenter, nous ne saurions nous en « prescrire la tâche ; elle serait trop au-dessus de nos faibles moyens.

« L'éminente dignité dont vous êtes revêtu nous impose le silence, qui, plus « éloquent que tout ce que nous saurions vous dire, vous parle pour nous.

« Nous nous bornons donc, Monseigneur, à vous dire :

« Que, depuis longtemps, votre piété et vos vertus ont fait en tout lieu votre « éloge.

« Que vous avez toujours honoré, que vous avez toujours orné le saint habit « que vous portez, et que vous avez répandu la lumière dans l'Eglise et dans la « Religion dont vous avez soutenu et même relevé l'éclat.

« Nous venons, Auguste Prélat, en ce jour de joie, à votre rencontre avec les « sentiments vertueux, qu'en nous prêchant jadis, vous nous aviez inspirés.

« Et nous tous, habitants de Roque-Brussane, érigeons ce jour-ci en fête « communale ; célébrons l'arrivée triomphale du Prélat, notre compatriote ; « consignons-la dans les fastes de notre bonheur. Félicitons-nous, félicitons- « nous nous-mêmes du bonheur que nous avons de le posséder quelques « instants dans le sein de la commune patrie.

« Faisons éclater nos joies par les cris mille fois repétés de : *Vive notre Prélat*, « *Vive Monseigneur l'Archevêque d'Aix*, et recevons sa bénédiction ».

(1) Registres des délibérations de la Commune.

« cortége a pris Monseigneur près de la Plâtrière et presque « toute la population bordait la haie sur les deux rives du che- « min ; six chevaux frus richement ornés carocolaient (*sic*) « autour de sa voiture et seize élégants joueurs d'olivettes « voltigeaient quelques pas au-devant. Monseigneur a été « descendre à la paroisse ; il y est monté en chaire où il a « prononcé non un sermon mais un discours, où il a prouvé « que la divine Providence l'avait élevé dans la haute dignité « qu'il occupait pour faire du bien à ses concitoyens et leur « manifester sa toute puissance. Il a témoigné au peuple de « La Roque combien il lui était attaché et lui a fait espérer « toutes les faveurs qui pourraient être à sa disposition. Il a « donné la bénédiction. Il s'est retiré accompagné de tous « ceux qui étaient sous les armes et de tous les habitants ; il a « été descendre dans la maison de M. l'avocat Bremond « qu'il a toujours accompagné. Les rues ont été illuminées ; « un lustre à 300 mèches a veillé au devant de son logement « pendant les quatre nuits de son séjour. Les hussards, les « fusillers (*sic*) et la garde bourgeoise ainsi que les boites ont « tiré en son honneur soixante kilogrammes cinq hectogram- « mes de poudre ; les chevaux frus, les olivettes ont fait leurs « jeux au-devant de sa porte. Il a paru s'en amuser beaucoup. « Il a reçu avec beaucoup d'affabilité le Corps Municipal , « le Tribunal de Paix , le Corps de la fabrique et les « Marguillers (*sic*) de toute la paroisse ; chaque individu « personnellement a voulu lui témoigner sa joie; et chacun « lui a fait sa visite particulière. Il a répandu beaucoup « d'aumônes et a fait espérer aux pères de famille tous « les avantages possibles pour l'instruction de leurs en- « fants ».

Cette petite relation , dans sa forme un peu naïve , ne rappelle-t-elle pas ces simples fêtes de nos pères où la commune se réjouissait comme en famille, et ne fait-elle pas songer à une époque des plus intéressantes de l'histoire provençale, au règne du *Bon Roi* (1) ?

La mémoire du vertueux et savant Prélat, qui a fourni une si brillante et si honorable carrière, est encore en vénération dans le diocèse de Metz, qu'il couvrit d'utiles établissements.

Il fut en quelque sorte le père de ses frères ; cœur excellent, intelligence d'élite, il se fit connaître dans le monde religieux par de nombreux ouvrages qui sont écrits avec cette profondeur de pensées, cette conviction pénétrante qui caractérisent un vrai défenseur de l'Église. Nous citerons :

Mémoires pour servir à l'histoire de la religion et de la philosophie, à la fin du XVIIIe siècle. Paris, Le Clère, 1803, 2 vol. in-8°. — Ces mémoires, étrangers à toutes les passions, offrent les plus grands exemples de religion et de vertu, tels qu'on en rencontre le modèle dans les premiers siècles du christianisme.

Des Consolations, ou recueil choisi de tout ce que la raison et la religion peuvent offrir de consolations aux malheureux. Paris, le même, 1798, 15 vol. in-18 avec gravures.

L'Adorateur en esprit et en vérité, 5me édition. Paris, A. Le Clère, 1855. (La première édit. est de 1800, 3 vol. in-18).

Les Illustres victimes vengées des injustices de leurs contemporains, réfutation des paradoxes de Soulavie, auteur de mémoires sur le règne de Louis XVI. Paris, Perlet, 1802, 1 vol. in-8°.

Du Ministère pastoral dans l'Église Catholique. Paris, Le Clère, 1791, in-8°. Ouvrage jugé alors très-important.

Le Triomphe de la Foi sur tous les efforts des impies,

---

(1) Réné d'Anjou.

ou examen critique du rapport de Robespierre sur son culte prétendu naturel. Paris. Le Clère, 1803, in-8°.

Né à La Roque-Brussanne, le 13 décembre 1759, Monseigneur Jauffret mourut à Paris le 13 mai 1823.

Cette mort fut un deuil public. La vie de ce vénérable prélat fut une suite continuelle de bonnes œuvres. Il emporta les justes regrets de son clergé, de ses nombreux diocésains, et de tous ceux qui eurent l'avantage de le connaître. Ses restes mortels, déposés provisoirement dans le caveau de l'Église des Dames Carmélites de la rue de Vaugirard, à côté du corps du Cardinal de La Luzerne et de celui de l'abbé Legris-Duval, ses bons amis, furent transportés à Metz, où ils reposent dans le caveau des évêques.

II.

Jean-Baptiste-Clair Jauffret, né à La Roque-Brussanne, le 25 septembre 1766, s'était voué de bonne heure à l'étude des langues.

Brillant élève de l'abbé Sicard, il devint un instituteur habile dans l'art d'enseigner les sourds-muets. *Sa méthode d'enseigner tout à la fois la grammaire des quatre principales langues, avec les éléments inséparables de la logique et de la méthaphysique,* obtint les meilleurs résultats. *Je suis témoin des progrès rapides et prodigieux de plusieurs élèves que j'avais confiés aux soins de cet habile instituteur* (1).

(1) D'Ansse de Villoison. *Leçon extraordinaire à l'Institution nationale des Sourds-Muets,* article inséré dans le *Moniteur universel,* du 20 floréal an 9.

Son zèle remarquable pour la philologie et ses travaux sur cette science ne tardèrent point à être récompensés.

Docteur ès-sciences et ès-lettres à l'âge de 25 ans, Jean-Baptiste Clair se fixa en Russie, où il fut nommé directeur de l'institution Impériale des Sourds-Muets à Saint-Pétersbourg. Il mérita la confiance de l'empereur Alexandre qui l'aimait beaucoup, et qui récompensa ses mérites en le créant chevalier de Saint-Wladimir.

Les honneurs qui lui furent accordés, après sa mort, arrivée en 1828, parlent hautement en faveur de sa longue administration. L'empereur Nicolas voulut faire lui-même les frais des obsèques de l'ancien directeur, et son buste, demandé à sa famille, figure dans une des salles d'honneur de la maison des Sourds-Muets à Saint-Pétersbourg.

Un fils de Jean-Baptiste, *Alexandre Jauffret*, s'est distingué dans les lettres. On lui doit (avec Saint-Thomas et Divoff) une traduction en français de l'*Histoire de Russie*, par Karamsin, dont il fut rendu compte dans le *Journal des Savants*, par un remarquable article de Daunou et de Raoul-Rochette. Il a collaboré au *Bulletin universel des Sciences et de l'Industrie*, de Férussac, et a donné plusieurs articles dans la *Revue des Deux Mondes*.

III.

Joseph Jauffret, le plus jeune des quatre frères, naquit à La Roque-Brussanne le 5 décembre 1779. Après avoir obtenu ses grades universitaires, il entra dès l'âge de 21 ans à la direction des cultes, sous Portalis, en qualité de chef du secrétariat; c'était à l'époque du concordat. Témoin de tout ce qui se fit à cette occasion, il sentit se développer en lui le goût des études du droit canonique.

A la mort de Portalis, il remplit au Ministère des Cultes diverses fonctions, notamment celles de secrétaire général. Ces fonctions le rendaient éminemment propre à poursuivre ses études profondes sur le droit, plus particulièrement sur le droit canon. Admis le 5 juillet 1814, comme maître des requêtes au Conseil d'Etat, il s'y fit une grande réputation de savoir et d'impartialité.

Aux connaissances en législation que nécessitaient ses travaux et les missions difficiles dont il fut chargé, Joseph réunissait de vastes connaissances scientifiques, littéraires et artistiques. Il était membre de plusieurs Sociétés savantes et cultivait avec une rare distinction l'art de la peinture, qu'il avait étudié dans l'atelier de David.

Il a fourni une carrière honorable et pure; il a toujours servi son pays avec zèle, sans être jamais l'homme d'aucun parti. Doué d'un caractère excellent, homme simple, bon, modeste, d'une sincère piété, il montra en tout et partout un admirable désintéressement.

On a de lui des *Mémoires sur les affaires ecclésiastiques de France pendant les premières années du XIXe siècle* (1), très estimés; divers articles insérés au *Répertoire de la nouvelle législation*, du baron Favard de Langlade, et plusieurs écrits (2) où il sut défendre les plus vrais et les plus sages principes avec beaucoup de talent.

Joseph Jauffret eut une nombreuse famille. Il mourut à Paris le 9 Mars 1836. En récompense de ses bons ser-

---

(1) Paris, Le Clère, 1819-1824, 3 v. in-8° ornés du portrait de Portalis, dessiné d'après nature, par J. Jauffret.

(2) Nous citerons : *Examen des articles organiques publiés à la suite du Concordat de* 1801. Paris, Eymery, Novembre 1817, in-8°; — *Des missions en France*. Paris, Delaunay, 1826, in-8°; — *Des recours au conseil d'Etat*, dans les cas d'abus en matières ecclésiastiques. Paris, Le Clère, 1825, in-8°. — *Du célibat des prêtres*. Paris, Delaunay, 1828, in-8°.

vices, l'Empire lui conféra des titres nobiliaires, la Restauration le créa Comte et le fit chevalier de la Légion d'honneur.

Un de ses fils, *Anatole Jauffret,* brillant élève du collége Charlemagne, Officier de l'Université, membre de la haute Commission des études scientifiques et littéraires et attaché à la sous-commission de l'instruction secondaire, était, depuis 1837, chef d'une *Institution* (1), à laquelle il donna son nom et qui *s'est constamment signalée par les succès de ses élèves et par la bonne direction tant de ses études que de la discipline* (2). Il avait succédé à M. Saint-Amand-Cimttierre. Sa santé fort délicate l'avait éloigné de l'enseignement public.

M. Anatole Jauffret est mort depuis plusieurs années; mais l'Institution, habilement maintenue par l'association amicale des anciens élèves, existe toujours sous son nom. Elle est dirigée par M. Courgeon, ancien professeur agrégé de l'Université, précepteur du duc de Chartres. Établie, sous M. Jauffret, rue Culture-Sainte-Catherine, n° 29, au Marais, ancien hôtel Saint-Fargeau, elle occupe aujourd'hui, place Royale, 6, l'hôtel Guémenée, longtemps habité par l'illustre poëte Victor Hugo.

Parmi les élèves qui ont fait leurs études dans cet établissement et qui, de nos jours, ont acquis de la célébrité dans divers genres, nous pouvons citer Messieurs: Edmond About, esprit aussi souple que brillant, plume élégante et facile, — Louis Ulbach, romancier habile et publiciste connu, — Léon Lagrange, critique d'art très-estimé,

---

(1) « Cette institution, si justement renommée pour la solidité de ses études « littéraires et pour ses succès annuels dans les examens d'admission aux gran- « des Écoles du gouvernement. » *Paris-Guide*, par les principaux écrivains et artistes de la France. Paris. A. Lacroix et Verboeckhoven, 1867.

(2) *Moniteur universel*, 29 février 1850, n° 58. Décret du 25 février conférant à M. Anatole Jauffret la croix de la Légion d'honneur.

dont nous déplorons la perte prématurée, — François-Victor Hugo et Charles Hugo, fils du grand poëte, — Clément Laurier, l'une des jeunes gloires du barreau parisien, — Charles Tissot, sous-directeur politique aux affaires étrangères, — Prestat, notaire, qui a recueilli les dernières volonté de l'illustre Berryer, — Wittersheim, imprimeur-gérant du *Journal Officiel,* — A. Fournier, émule de Ricord, professeur agrégé à la Faculté de Médecine, — J. Thienot, président de l'association amicale des anciens élèves de l'institution Jauffret, maître de conférences à l'École normale supérieure, homme distingué, des plus charmants et des plus sympathiques, — Jules Zeller, historien, maître de conférences à l'École normale supérieure, — Lambert (Paul Dormhoys), littérateur, — Ernest Dubreuil, auteur dramatique, — Got, de la Comédie Française, — le célèbre comique Brasseur, — A. Grenier, ancien élève de l'Ecole d'Athènes, rédacteur à l'*Empire*.

Depuis, l'Institution a reçu des noms illustres, tels que le fils du brave général Cavaignac, le fils de l'honorable M. Dufaure, enfin le Polonais Berezowski.

IV.

Louis-François Jauffret eut trois enfants. Il ne se consola jamais entièrement de la perte de son épouse : le temps n'avait pu détruire en lui les sentiments qui l'avaient uni à sa digne compagne. « Je n'ai trouvé des consola-« tions que dans l'espoir d'être un jour réuni à elle, et « dans l'amour de mes enfants, » — écrivait-il à un ami, en 1830.

En effet, l'affection si pure de ce père pour ses enfants

est touchante, et on en retrouve la trace dans toute son existence.

Louis-Daniel-Adolphe Jauffret, son fils aîné, se destina d'abord au professorat. Il était professeur de rhétorique à Montbrison dans l'établissement dirigé par son père ; il passa de là à Grenoble.

Dégoûté de cette carrière, il fit son droit à Aix, où il obtint le grade de docteur et fut nommé secrétaire général de la Faculté.

A la création de la chaire de Droit administratif dans la même ville, il en occupa le siége.

M. Adolphe Jauffret cultivait, avec le plus grand succès, la poésie latine : son enthousiasme pour les productions de son père lui inspira le goût de traduire les *Fables Nouvelles* (1) en vers latins iambiques. Cette traduction obtint les suffrages des humanistes. Lemaire en fit à une Société savante, l'objet d'un rapport qui honore en même temps l'auteur et le traducteur.

Le même honneur fut jadis réservé aux fables de La Fontaine ; « mais le traducteur de celles-ci n'obtint point « de l'Université, comme M. Adolphe Jauffret, de voir « sa traduction embellir les bibliothèques des colléges, « celles des départements, et d'être donnée en prix aux « élèves, dans les distributions solennelles des couronnes « littéraires, ainsi que le prescrivirent des arrêtés de « M. le Ministre de l'Intérieur et du Conseil Royal de « l'Université (2) ».

Il a publié des poésies latines estimées, dans l'*Hermes*

---

(1) *Fables choisies de M. Jauffret*, traduites en vers latins avec le texte en regard, suivies de diverses poésies latines. Paris, A. Delalain. 1828, 2 v. in-8°.

(2) Lautard. *Histoire de l'Académie de Marseille*. 3e partie, p. 65. — *Moniteur universel* du 11 décembre 1828.

Romanus, de M. Barbier-Vémars, et a collaboré à l'*Encyclopédie d'éducation*.

André-Gustave Jauffret, son autre fils, embrassa le carrière ecclésiastique. Il est aujourd'hui chanoine de la Cathédrale de Metz et vicaire général de Monseigneur l'Évêque.

Héritier des traditions de son honorable famille, d'une piété profondément sincère, nous lui devons diverses œuvres qui honorent ses talents et ses vertus. Nous citerons une édition remarquable des *Œuvres choisies de Monseigneur de Belsunce* (1); une traduction de l'*Imitation de Jésus-Christ* (2), avec des réflexions tirées des meilleurs auteurs ascétiques, qui est un chef-d'œuvre que je ne saurais trop recommander aux âmes pieuses; *Manuscrit religieux et moral, ou choix d'anecdotes chrétiennes* (3); etc.

Et *Noémie Jauffret*, sa fille, modèle de vertu, élevée dans un pensionnat à Lyon, entra au couvent à Metz, où elle était connue en religion sous le nom de Sœur Marie Cécile.

Puisse le souvenir qui vient d'être consacré à la famille Jauffret servir d'exemple à mes jeunes compatriotes, jaloux de continuer à soutenir la réputation qu'ont donnée au pays, une suite d'hommes si distingués. Puisse-t-il les encourager à marcher dans la voie du progrès intellectuel et du bien, et leur inspirer l'amour de l'étude !

---

(1) Metz, Collignon 1822, 2 v. in-8° ornés du portrait de Belsunce et d'un fac-simile de son écriture.

(2) Paris, Lethielleux; Metz, Mme Constant-Loiez, 1863, 1 v. in-18 de 448 p.

(3) Metz, Mme Thiel, 1838, 1 v. in-18.

NOTICE BIBLIOGRAPHIQUE.

L.-F. JAUFFRET

Avocat au parlement de Paris. — Publiciste. — Secrétaire perpétuel de la *Société nationale des Neuf-Sœurs.* — Membre des *Sociétés Philomathique et Philotechnique de Paris.* — De l'*Athénée de Paris.* — De la *Société Académique de Paris.* — De la *Société des Sciences physiques et naturelles de Paris.* — De la *Société d'Agriculture du Département de Seine-et-Oise.* — De la *Société libre d'Instruction du Département de la Seine.* — Du *Lycée de la Jeunesse.* — De l'*Athénée des Arts.* — De l'*Athénée des Étrangers.* — De l'*Athénée de Niort.* — De la *Société Géographique.* — Secrétaire perpétuel de la *Société des Observateurs de l'Homme.* — Secrétaire perpétuel de l'*École Centrale de Versailles,* et professeur d'Histoire naturelle à la même École. — De la *Société d'Agriculture, d'Histoire Naturelle et Arts utiles de Lyon.* — De la *Société des Sciences, Belles-Lettres et Arts de Mâcon.* — De la *Société des Belles-Lettres de Caen.* — Des *Académies de Lille et d'Abbeville.* — Proviseur des Colléges de Montbrison et de Saint-Etienne. — Officier de l'Université de France. — Secrétaire perpétuel de l'*Académie des Sciences, Belles-Lettres et Arts de Marseille.* — Secrétaire honoraire de la *Société de Statistique* de la même ville. — De l'*Académie des Sciences, Agriculture, Arts et Belles-Lettres d'Aix.* — De la *Société Académique du Var.* — De la *Société d'Études scientifiques et archéologiques de Draguignan.* — Membre correspondant de la *Société*

Linnéenne de Paris. — Correspondant du *Ministère de l'Instruction publique, pour la conservation des Monuments Historiques.* — De la *Société des Belles-Lettres, Sciences et Arts de Marseille* (1). — Secrétaire du *Comité de surveillance et d'encouragement de l'Instruction primaire* pour l'arrondissement de Marseille. — Membre et Correspondant de plusieurs Académies et Sociétés savantes Étrangères. — Conservateur de la Bibliothèque de Marseille.

1. PLAIDOYER, PRONONCÉ AU CHATELET DE PARIS, *par Jauffret, avocat au Parlement; affaire des marchands de moutons pour l'approvisionnement de la Capitale appelant d'une sentence rendue contre eux par le Bailli de Montjoye-Thorigny,* Paris, veuve Dessaint, imprimeur du Châtelet, s. d. (1788) in-4°.

Les journaux du temps rendirent compte de ce procès et adressèrent de chaleureuses félicitations au jeune avocat dont les débuts donnaient les plus grandes espérances. — La sentence du bailli fut rejetée.

2. LES CHARMES DE L'ENFANCE ET LES PLAISIRS DE L'AMOUR MATERNEL. (Imprimé aussi sous ce titre : *Etrennes sentimentales aux Mères et aux Enfants.* Paris, Perlet, 1792, in-12).

1re Éd. Paris, Perlet, 1791, 1 v. in-12.

2me Éd. Paris, Moutard, 1791, 1 v. in-12, orné d'une gravure en taille-douce, avec cette épigraphe : « La fleur humaine croît par degrés, et s'épanouissant « doucement, découvre chaque jour quelques nouveaux « charmes, où se trouvent la noblesse du père et les « agréments de la mère. THOMPSON ».

3me Éd. Paris, Perlet, 1792, in-12.

---

(1) Cette société, fondée en 1836, vécut plusieurs années. On y remarquait les deux poëtes Barthélemy et Méry, et l'honorable historien Augustin Fabre.

4me Éd. Paris, le même, an IV, 2 v. in-18.

5me Éd. Paris, Didot-le-jeune, M. DCC XCVI. 2 v. in-18, fig. de Monnet, gravées par Gaucher et Ingouf.

6me Éd. Paris, Poncelin, 1801, 2 v. in-18.

7me Éd. Paris ,Eymery, 1825, fig.

Cet ouvrage a eu de nombreuses contrefaçons. Il a été traduit en anglais, en espagnol, en italien et en allemand : 1re édition, Vienne, Camesina, 1796. — 2me édition, *Die Reitze der Kindheit, und die Freuden der Mütterlichen Liebe, druch, von L.-F. Jauffret*. Wien. 1797. — 3me édition, Paris, Huguin, 1801, 4 v. in-18, par Schmiding. Dédiée par les éditeurs au ministre Chaptal.

Madame Defrance, née Chompré, auteur d'une traduction en vers des *Odes d'Anacréon*, a aussi mis en vers les *Idylles* de Jauffret, sous ce titre : *Idylles de Jauffret sur l'enfance et l'amour maternel*. De l'imprimerie de Crapelet. A Paris, chez Le Clère, libraire, an IX, in-12, fig. de Monnet, avec cette dédicace :

A L. F. JAUFFRET.

Toi qui, de la naïve enfance,
Chantas les grâces, le bonheur ;
Tes accens ont de l'innocence
Conservé toute la fraîcheur.
Chaque matin, quand la brillante aurore
Ranimait de ses pleurs le teint pâle de Flore,
Tes idylles en main, saisissant tes pipeaux,
J'essayais d'imiter tes airs doux et nouveaux.
Je désirais alors, que l'oiseau du bocage
Suspendit quelque temps, son importun ramage.
Tout ce que je voulais, c'était, dans mes transports,
D'entendre au loin l'écho répéter tes accords,
De moduler sur eux, mes sons et mon langage.
Reçois, JAUFFRET, le fruit de mes efforts !
Puisses-tu dans mes vers, de ton charmant ouvrage,
Par quelques traits reconnaître l'image !

3. HISTOIRE IMPARTIALE DU PROCÈS DE LOUIS XVI, *ci-devant Roi des Français, ou Recueil complet et authentique de tous les rapports faits à la Convention nationale, concernant le procès du ci-devant Roi, les différentes opinions des représentants du peuple ou des particuliers, prononcées à la Tribune nationale, ou publiées par la voie de l'impression ;*

enfin de toutes les pièces qui entreront dans l'Instruction de ce grand procès, jusqu'au jugement définitif inclusivement. Nombreuses notes. Paris, Perlet, 1792-1793, 8 v. in-8°.

Cette histoire a été contrefaite à Lausanne chez Mouret, in-12, et dans d'autres lieux de la Suisse et de l'Allemagne.

4. GAZETTE DES TRIBUNAUX, *et Mémorial des Corps administratifs et municipaux.* Paris, Perlet, 1790-1793, 7 v. in-8°.

Ce journal a joui d'une grande réputation.

5. L'ASSEMBLÉE NATIONALE, *Journal de Perlet*, repris ensuite sous ce titre: *Journal de Perlet.* (Le dernier mot *Perlet* est autographié; il reproduit la signature du propriétaire de cette feuille). Paris, Perlet, rue Saint-André-des-Arcs, 1789 à 1797, in-8°.

Jauffret en fut le Rédacteur en chef pendant plusieurs années.

6. ROMANCES HISTORIQUES ET PASTORALES, musique de Méhul, Berton, Bruni et Plantade. Paris, Cousineau père et fils, 1795, 1 v. in-8°. — Traduites en allemand.

Ce recueil, qui eut beaucoup de succès, valut à Jauffret et à Méhul divers morceaux de poésie charmants. En voici un inédit, autographe de Joseph Chénier, probablement improvisé:

AUX CITOYENS L. F. JAUFFRET ET MÉHUL.

Dignes maîtres de la lyre,
Vous prêtez au sentiment,
Un charme, un heureux délire
Qui cause l'enchantement.
A vos chants l'âme s'éveille,
Semble oublier le malheur :
Près de vous, toujours l'oreille
Est le vrai chemin du cœur.

Toujours d'une douce flamme
Vos écrits ont le cachet :

Heureux miroirs de votre âme,
Ils en gardent le reflet.
La vertu sans cesse aimable
Revit sous votre pinceau,
A vos cœurs, en tout semblable,
Elle en offre le tableau.

La tendresse paternelle
Va revivre en traits de feu :
D'en ranimer l'étincelle
Vos chants se sont fait un jeu :
L'homme sensible, en silence,
En gardera souvenir :
Tous les cœurs, votre romance
Se plairont à retenir.

D'un vrai Romain l'énergie
Doit à nos derniers neveux
Conserver l'âme et la vie
Qui signalèrent ses vœux.
Il n'est point une âme tendre,
Ayant l'élan de l'honneur
A ces heureux chants apprendre,
Qui ne mette son bonheur.

7. Projet d'établir en France une manufacture de végétaux artificiels *qui doit occuper utilement, dans l'enceinte de Paris, environ 4,000 femmes, d'après les procédés de T. J. Wenzel, avec toutes les pièces relatives à ce sujet.* Paris, Moutard, 1790, in-8°.
   2me Éd. Paris, Perlet, 1795.
   3me Éd. Paris, Perlet, 1803.

8. Discours sur les plus beaux traits de courage, de bravoure et de patriotisme des soldats de la République, prononcé à une réunion populaire, comme délégué par la *Société nationale des Neuf-Sœurs.* Paris, de l'Imprimerie de Chaudé, in-12, 16 pages.

Remarquable discours qui excita un enthousiasme dont on peut à peine se faire une idée à notre époque.

Nous plaçons ici un détail omis.

La *Société nationale des Neuf-Sœurs,* nommée d'abord *Loge Maçonnique des Neuf-Sœurs,* dès la première année de sa fondation (remontant à 1776), avait compté parmi ses membres, Voltaire, Francklin, Marmontel, La Dixmerie. Voltaire était enthousiaste de cette Société, chose remarquable lorsqu'on se rappelle le sentiment du grand homme sur la plupart des Académies....

9. LE COURRIER DES ENFANTS, consacré à l'instruction de la jeunesse, faisant suite à l'*Ami des Enfants*, de Berquin. Paris, au Bureau du journal, rue de Vaugirard, n° 1201, 1796-1799, 17 v. in-18.

10. LE COURRIER DES ADOLESCENTS. Paris, au bureau du journal, rue de Vaugirard, 1201, an VII et suiv. 7 v. in-18.

Ces deux courriers réunis ont eu une 2me édition : Paris, Le Clère, 1800-1801. Ils ont été traduits en anglais, en italien, en allemand, et en espagnol sous ce titre : *Gazeta de los Ninos*, 1803.

11. PETIT THÉATRE DES FAMILLES, *drames à l'usage de la jeunesse*. Paris, Gide, an VII, 3 v. in-18.

Nouvelle Éd. Paris, Audin, 1836, 2 v. in-18. — Traduit en allemand.

12. VOYAGE AU JARDIN DES PLANTES, *contenant la description des galeries d'histoire naturelle, des serres où sont renfermés les arbrisseaux étrangers; de la partie du jardin appelée l'École de Botanique; avec l'histoire des deux éléphants et celle des autres animaux de la Ménagerie nationale. Paris, de l'Imprimerie de Ch. Houel, chez Guillaume*, 1798, 1 v. in-12, fig. de Monnet, gravées par Gaucher.

2me Éd. *Paris, de l'Imprimerie de Guillemet*, sans date.

3me Ed. s. d. Traduit en allemand et en anglais.

13. LES VOYAGES DE ROLANDO *et de ses Compagnons de fortune, autour du monde; ouvrage propre à donner aux jeunes gens une idée de la Géographie, de l'Histoire Naturelle, du Gouvernement et des Antiquités de chaque région. Paris, Le Clère, an VIII*,

1802, 6. v. in-18. — Traduit : en espagnol, en anglais, par Miss Lucy Aikin, 4. v. in-12, 1804, et en allemand : Mulhouse (en Alsace), Bisler, 1800, in-18, fig ; 2me éd. *Reisen u. Abentener Roland s. 6. Thle, in-3, Bon Wien.*

Ces voyages, aussi instructifs qu'intéressants, donnent une idée avantageuse des connaissances scientifiques de l'*Ami des Enfants* ; il est regrettable que l'auteur n'ait pu les achever. Cet ouvrage comprend plusieurs fragments d'un *Cours d'instruction* qu'il avait professé en 1796, au *Louvre,* dans la salle dite des *Ducs et Pairs.*

14. Théatre de Kotzebue, *traduit de l'allemand par Weiss, professeur de langue allemande au Lycée, et L. F. Jauffret, membre de plusieurs Sociétés savantes et littéraires* (1) : *pour servir de suite au Théâtre Allemand. Paris, chez les éditeurs, rue de Vaugirard, n° 1201 ; Amand Koenig, Fuchs, Treuttel et Würtz, libraires,* 1798, 1 v. in-8° de 213 p. orné du portrait de Kotzebue gravé par Gaucher.

Barba a donné plusieurs éditions des *Deux Frères*, drame de Kotzebue, en 1822 et 1837.

15. Supplément au Théatre choisi de feu Kotzebue, *avec le portrait de l'auteur, un fac-simile de son écriture, et un avant-propos contenant une courte notice sur sa vie, et quelques détails sur Charles Sand, son assassin* (avec Weiss et une dame anonyme) *Marseille, Guion,* 1820, 1 v. in-8°.

16. Les Merveilles du corps humain, *ou Notions familières d'anatomie, à l'usage des Enfants et des Adolescents. Paris, Le Clère,* 1799, 2 v. in-18.

---

(1) Arrangé pour la scène Française par Joseph Patrat, auteur dramatique estimé, né à Arles en 1733, mort en 1801. — Paris, an VII, in-8°, imprimerie de Crapelet.

2me Éd. Le même, 1803.
3me Éd. Le même et Lenormant, 1804.
4me Éd. Paris, Eymery, 1824.

17. L'ART EPISTOLAIRE, *ou Dialogues sur la manière de bien écrire les lettres; ouvrage divisé en deux parties, les Préceptes et les Modèles, pour servir à l'instruction de la jeunesse. Paris, J. Dugour et Durand,* 1798, 3 v. in-18.
2me Éd. Paris, Le Clère, 1799.
3me Éd. Dole, J. B. Joly, 1825.

Publié sous le nom de L. F. Jauffret, avec la collaboration de G. J. A. J. Jauffret, son frère.

18. PAROLES MÉMORABLES DES GRANDS HOMMES *de l'antiquité et des temps modernes.* (Avec G. J. A. J. Jauffret). *Paris, Le Clère,* 1802, 2 v. in-18.

19. JEUX ZOOLOGIQUES ET GÉOGRAPHIQUES. *Paris, Le Clère,* 1799. Feuilles in-folio avec explication. — Traduit en allemand : *Zoologisch Géographisches spiel, zum unterricht und vergnugen der jugend, von L. F. Jauffret, Strasburg,* 1799.

20. DICTIONNAIRE ÉTYMOLOGIQUE DE LA LANGUE FRANCAISE, *à l'usage de la jeunesse. Paris, J. Dugour et Durand, an VII,* 2 v. in-18.
2me Éd. Paris, Le Clère, 1799.

21. VIE DE FLORIAN, *Paris, Le Clère,* 1799, in-18 (à la suite des *Œuvres posthumes* et dans le T. 1er de ses *Œuvres complètes*, éd. de Dufart, in-8°).

22. ZOOGRAPHIE DES DIVERSES RÉGIONS, *tant de l'ancien que du nouveau continent; offrant, avec la notice géographique de chaque contrée, l'histoire naturelle abrégée des Mammifères et des Oiseaux qui en sont*

originaires ou qui s'y sont naturalisés ; classés d'après le système de Linné, et indiqués tout à la fois par les dénominations de cet auteur, et par celles conformes à la Méthode de Lacépède, qui a été suivie dans le dernier arrangement des galeries du Muséum d'histoire naturelle de Paris : ouvrage accompagné d'un Atlas dont les cartes renferment les noms et les figures des animaux placés dans les régions mêmes qu'ils habitent. (Dédié à son ami Jean-Noël Hallé). *Paris, Crapelet, an VIII*, 1 v. grand in-4°.

« Cet ouvrage, orné de cartes, qui sont les premières que la France possède « dans ce genre, est digne d'être recherché par tous les amateurs d'histoire « naturelle. » — A. L. Millin. *Magasin Encyclopédique ou Journal des sciences, des lettres et des arts. VIe année, t. Ier p.* 275. Paris, Fuchs, 1800.

« Un ouvrage très-utile à l'étude de l'histoire naturelle, et qui donne une « idée avantageuse de ceux plus importants encore dont l'auteur doit s'occuper, « c'est la *Zoographie des diverses régions.* » Voir *Les Siècles littéraires de la France*, t. 4, 1801.

23. La Gymnastique de la Jeunesse, *ou Traité élémentaire des jeux d'exercice, considérés sous le rapport de leur utilité physique et morale* (avec Amar du Rivier). *Paris, Debray*, 1803, in-8°, orné de 30 gravures.

24. Promenades de Jauffret a la campagne, *faites dans le dessein de donner aux jeunes gens une idée du bonheur qui peut résulter pour l'Homme de l'étude de lui-même et de la contemplation de la nature. Paris, Demoraine et Lenormant*, 1803, in-18 de 306 p.

« Cet intéressant opuscule est le recueil des discours que M. *Jauffret* a pro- « noncés dans les promenades littéraires et morales qu'il a coutume de faire « depuis quelques années, pendant la belle saison, dans les sites des environs « de Paris, qui offrent le plus de charme et d'instruction. Ceux qui l'ont suivi « dans ses excursions scientifiques, trouveront à lire ces discours autant de « plaisir qu'ils en ont trouvé à les entendre. C'est en promettre beaucoup

« plus à ceux qui n'ont pas joui du même avantage. Cet estimable auteur, si « honorablement connu dans l'empire des lettres par des ouvrages consacrés « à l'éducation, a le talent, plus rare qu'on ne pense, de proportionner les « sublimes préceptes de la morale à l'intelligence du jeune âge qu'il se pro- « pose d'instruire.

« Sa diction, aussi douce que ses mœurs, aimable comme son caractère, « n'est que le moindre mérite de l'ouvrage que nous analysons. Il offre partout « l'instruction la plus utile, et les principes les plus purs ; et ces leçons se gra- « veront d'autant plus profondément dans le cœur de la jeunesse, qu'elles déri- « vent de la nature de l'homme et de ses rapports avec ses semblables, et « qu'elles sont puisées dans le tableau des bienfaits innombrables de l'auteur « de tous les êtres.

« La tendre mère de famille qui ne voudra confier qu'à elle seule l'éducation « de sa fille, le vertueux instituteur qui voudra rendre à ses élèves l'étude de la « morale aussi aimable que facile, dirigeront souvent leurs promenades, le « livre de M. *Jauffret* à la main, vers ces solitudes champêtres, où règne la « paix et l'innocence, et que la nature a décorées de ses plus belles produc- « tions.... »

(*Caron*, de la société d'Agriculture, *Journal du département de Seine-et-Oise*, Versailles).

25. ELÉMENTS DE ZOOGRAPHIE, *ou histoire des Animaux considérée relativement au degré d'étendue des régions que chaque espèce occupe sur la surface du Globe.* Paris, Demoraine, s. d. (1803), 2 v. in-18.

Ouvrage écrit avec pureté et élégance.

26. LE TAUREAU, *Roman philosophique*, Paris, Demoraine, 1804, 1 v. in-18.

27. LES SIX JOURS, *ou leçons d'un père à son fils sur l'origine du monde, d'après la Bible ; contenant des notions simples et familières sur l'histoire naturelle des Minéraux, des Végétaux, des Animaux et de l'Homme.* Paris, Galland, 1805, 2 v. in-18.

2me Éd. Paris, Alexis Eymery, 1822.

3me Éd. Le même, in-18.

4me Éd. Paris, Gaume, 1839.

« On aurait tort, — dit Jauffret, — de croire que les enfants de l'âge de ceux « pour lesquels j'écris, n'ont pas l'intelligence assez formée pour s'occuper « d'une matière aussi relevée que celle de l'origine du monde. Ils aiment le « merveilleux, et quoi de plus merveilleux que l'histoire de la création ?... »

28. Education pratique d'Adolphe et de Gustave, *ou Recueil de leçons données par L. F. Jauffret à ses enfants.* Lyon, Ballanche, et Paris, au Bureau de la Société Typographique, 1806, 6 v. in-12.

Ce recueil est divisé par journées ou entretiens; il renferme des notions très-utiles sur la manière de diriger l'enfance dans la connaissance des choses. La méthode est un guide excellent pour les pères de famille qui veulent élever leurs enfants.

29. L'Art de réussir dans le monde. Paris, Perlet, 1806, in-18; très-curieux.

30. La Corbeille de Fleurs et le Panier de Fruits. Paris, Perlet, 1806-1807, 23 cah. formant 2 v. in-8°, avec 24 planches coloriées, gravées par Maradan, représentant les fleurs et les fruits qui y sont décrits. Le volume de *Fleurs* contient 12 romances gravées en musique, avec accompagnement de piano.

31. Géographie dramatique de la Jeunesse, *ou nouvelle méthode amusante pour apprendre la Géographie, mise en dialogues et en scènes propres à être représentés dans les pensionnats et dans les familles*, avec fig. et cartes géographiques. Paris, Maumus, 1807, in-12.
2me Éd. Maumus, 1828.
3me Éd. Maumus, 1836.

32. Le Molière de la Jeunesse, *ou Comédies choisies de Molière, rendues propres à être représentées dans les Pensionnats.* Paris, Veuve Nyon, 1807, in-18.
2me Éd. Paris, Maumus, 18..
3me Éd. Paris, Maumus, 1830.

33. Les Veillées du Pensionnat, *contenant des dialogues destinés à être représentés dans les maisons d'éducation et des comédies propres à instruire et à amu-*

ser la jeunesse. Paris, Veuve Nyon, 1808, in-12.
2me Éd. Paris-Lyon, Périsse frères, 1835.

34. Théatre des Maisons d'éducation, Lyon, Kindelem, 1811, in-12.

Trois Ed. par Périsse frères ; la dernière, de 1835, porte cette épigraphe... *utile dulci.*

Les pièces contenues en ce volume furent composées, nous dit l'auteur, pour seconder les vues sages et louables d'une institutrice éclairée, et celles de quelques instituteurs aussi pleins de zèle que de talents. Elles lui valurent une épître flatteuse de M. Nompère de Champagny. En voici le début :

Aimable émule de Berquin,
Je l'ai vu ce charmant parterre,
Que, de loin, cultive ta main ;
Là, sous un berceau solitaire
De ce délicieux Eden,
J'ai vu la troupe printanière
Qui fait l'ornement du jardin....

35. La Petite École des Arts et Métiers. Paris, Eymery, 1816, 4 v. in-18, avec 125 fig.

36. La Journée ou l'emploi du temps, *contenant les premiers éléments des connaissances utiles aux Enfants qui commencent à lire.* Paris, Eymery, 1816, in-18.
2me Éd. Le même, 1825.
3me Éd. Paris, Fauget et Brunet, 1836.

37. Fables nouvelles, *dédiées à S. A. R. Madame la Dauphine.* Paris, Maradan, 1814, 2 v. in-12 et in-8°.
2me Éd. Paris, Béchet aîné et Ce, MDCCCXXVI, 2 v. in-8°, ornés du portrait de l'auteur et de plusieurs gravures de Dessenne, avec cette épigraphe : *Ducentes ad seria nugæ.*

Cet ouvrage a été contrefait à Avignon.

« On sait le succès brillant de ces charmantes fables dédiées à l'*Ange de la « France.* Jamais auteur français ne s'est placé plus près de La Fontaine.... « La traduction qu'en prépare le jeune Jauffret, rendra ce recueil classique en « Europe... » Bérenger, *Fonctionnaire émérite et docteur de l'Université Royale.* Dédicace de la 3e édition des *Soirées Provençales,* à Adolphe Jauffret, fils du fabuliste.

Épître de Tézenas, avocat,
Membre de la Société Royale Académique des Sciences de Paris,
à L. F. Jauffret, sur ses Fables.

Toi qui, dès tes plus jeunes ans,
Peignis les Charmes de l'Enfance
Et devins l'ami des enfants,
Chantre aimable de l'innocence
Et du bonheur qu'on goûte aux champs ;
Ta prose élégante et fleurie,
Où la raison au goût s'allie,
Charmait jusqu'ici mon loisir :
J'admirais cet art difficile,
Et que tu sais si bien saisir ;
Cet art qui, sous ta plume habile,
A la leçon la plus stérile
Donne tout l'attrait du plaisir.
J'ignorais que ta muse aimable,
Du fabuliste inimitable,
Possédât la naïveté,
L'enjouement, la vive gaîté,
Et cette douce bonhomie
Qui, sans le secours du génie,
Donnerait l'immortalité.
Poursuis : à ton heureuse audace
On peut garantir le succès :
Tes vers, pleins de sel et de grâce,
Tes pinceaux délicats et vrais,
A la morale, au goût fidèles,
Des critiques les plus cruelles
Aisément braveront les traits.
Le Dieu qui préside au Parnasse
Protégera ton noble élan :
Lui-même il a marqué ta place
Entre Berquin et Florian.

38. Trois Fables sur la Girafe ; *avec une lithographie représentant la Girafe, une notice historique sur cet animal, et une traduction en vers latins de la première Fable, par Adolphe Jauffret*, Paris, Pichon-Béchet ; Marseille, chez les principaux libraires, 1827, in-8° de 12 pages.

Ces trois fables durent surtout leur succès au sujet qui les avait inspirées, à la Girafe qui traversa Marseille en 1827, et qui était le premier animal de cette espèce que notre ville ait reçu vivant dans son enceinte. « La lecture « sanctionnera très-probablement l'éclatant succès que ces fables ont obtenu à « l'Académie, parce que leur mérite est un mérite intrinsèque tout-à-fait indé- « pendant de la circonstance. On découvre en effet dans cette gracieuse produc- « tion le talent incontestable de l'auteur pour l'apologue : style naturel et « piquant, moralité prise sans efforts dans le sujet... » *Le Messager de Marseille*, du 23 mai 1827.

39. LETTRES SUR LES FABULISTES *anciens et modernes*, (avec portrait), Paris, Pichon-Béchet, 1827, 3 v. in-12 et in-8°.

40. QUELQUES FABLES INÉDITES, *lues aux séances publiques de l'Académie Royale des Sciences, Belles-Lettres et Arts de Marseille.* Marseille, Achard, 1838, in-8° de 24 pages.

Le *Messager de Marseille* du 26 août 1838, contient un excellent article sur ces Fables, signé A. F.

41. LE CONSERVATEUR MARSEILLLAIS, *contenant des fragments d'ouvrages curieux, inédits ou peu connus, et des notices biographiques sur leurs auteurs*, Marseille, Achard, 1828, 2 v. in-8°.

Ce journal littéraire est devenu rarissime.

42. LE RÉGNARD DE LA JEUNESSE, *ou élite des comédies de Régnard, arrangées pour la jeunesse*. Paris, Maumus, 1830, 2 v. in-18 (portrait de Régnard).

43. LE COURRIER DES FAMILLES, *ou les soirées à la maison.*

Marseille, chez l'auteur,
Aix, Pontier,
Paris, Douchez-Hémar, } 1831, 1 v. in-8°.

(Poésies, fables, contes, dialogues, proverbes, observations littéraires sur quelques fables de Florian).

44. MYTHOLOGIE DRAMATIQUE DE LA JEUNESSE (avec Mme A. Dupin). Paris, Maumus, 1832, 1 v. in-12, fig.

45. LE COMTE DE MONTALBAN, *ou le retour à la sagesse. Lettres morales et religieuses.* (Épisode en 1791 et 1792.) Lyon, librairie d'éducation de Loüet, 1834, 2 v. in-12, fig.

46. L'ECLAIREUR MARSEILLAIS *et Journal de Provence*, feuille politique. Marseille, imprimerie de Bertrand, in-8°.

Du 4 mars en octobre 1815 ; très-rare.

47. JOURNAL DE MARSEILLE ET DU DÉPARTEMENT DES BOUCHES-DU-RHONE, *politique, commercial, administratif et littéraire.* Marseille, imprimerie de Achard, in-4°.

Du 10 octobre 1815 au 29 décembre 1821.

48. LE MÉMORIAL MARSEILLAIS, feuille commerciale et littéraire. Marseille, Corentin Carnaud, in-8°, 1820-1822.

49. JOURNAL DE LA MÉDITERRANÉE ET DU DÉPARTEMENT DES BOUCHES-DU-RHONE. Marseille, Simonin et Carnaud, in-4°

Du 8 janvier 1823 au 30 décembre 1826. — Jauffret a rédigé seulement la première année de ce journal.

50. RUCHE PROVENÇALE, *Recueil littéraire*, devenu très-rare. Marseille, Achard et Guion, 1819-1822, 6 v. in-8°.

Cette publication, que Jauffret cessa de diriger après le 4me volume, fut poursuivie par Gaudet, professeur au Lycée de Marseille.

51. PIÈCES HISTORIQUES SUR LA PESTE DE MARSEILLE, *et d'une partie de la Provence, en 1720, 1721, 1722, trouvées dans les Archives de l'Hôtel de Ville, dans celles de la Préfecture, au Bureau de l'Administration sanitaire et dans le Cabinet des Manuscrits de la Bibliothèque de Marseille ; publiées en 1820, à l'occasion de l'année séculaire de la Peste.* Marseille,

de l'imprimerie de Corentin Carnaud, chez les principaux libraires, 1820, 2 v. in-8°, portrait de Belsunce et fac-simile de son écriture.

52. Dictionnaire des Sciences Naturelles. Paris, Levrault, 20 v. in-8° et 15 v. in-4°.

C'est le Dictionnaire entrepris par Jauffret et pour lequel il a rédigé divers articles, notamment celui concernant l'*Homme*. — Le traité de cet ouvrage entre Jauffret et les éditeurs est en ma possession. Il porte la date du 10 ventose an 9.

53. Œuvres posthumes de Florian, éditées par Jauffret, sur les manuscrits de Florian. Paris, Le Clère, 1803, 12 v. in-8°. Édition très-estimée.

54. Œuvres complètes de Berquin. Paris, Le Clère, 1802, 22 v. in-18.

Édition soignée donnée par Jauffret sur les manuscrits de l'auteur, dans un nouvel ordre.

55. Spectacle de la Nature, *de Noël Pluche, revu et mis au niveau des connaissances actuelles, par L. F. Jauffret*. Paris, Le Clère, 1803, 8 v. in-18, fig.
2me Éd. Lyon, Rusand, 1834.

56. Zoologie universelle et portative, *ou Histoire Naturelle des quadrupèdes, cétacés, oiseaux*, etc., *tant indigènes qu'exotiques, par l'abbé Pl. A. F. Ray, avec des suppléments par L. F. Jauffret*, Paris, Demoraine, 1804, in-4°.

Ouvrage estimé cité par Brunet, dans son *Manuel du Libraire*.

57. Mémoires et Histoire de la Société des Observateurs de l'Homme.

Ces Mémoires n'ont point été mis dans le commerce; je n'en ai vu, pour ma part, que les feuilles d'épreuve, in-4°, des deux premiers volumes; mais ils ont été publiés en partie dans le Recueil de Mémoires de diverses Sociétés savantes, sous le patronage de l'Institut National.

58. Notice sur Jacques Gassier, avocat au Parlement d'Aix, insérée dans l'*Annuaire du Var*, année 1828.

59. Mémoire pour la citoyenne veuve Loizerolles, *tant en son nom que pour le citoyen François-Simon Loizerolles, son fils, âgé de vingt-deux ans, né à Paris, y demeurant rue Victor, — aux autorités constituées qui ont fait, en cette Commune, apposer les scellés sur tous les biens dépendants de la succession du citoyen Jean-Simon Loizerolles père, assassiné le 8 thermidor, par l'autorité de quelques individus composant alors le Tribunal Révolutionnaire de Paris.* Paris, imp. de Moutard *(S. D., in-4°).*

Très-curieux mémoire où Jauffret s'élève courageusement contre l'une des iniquités de la Révolution.

M. Jauffret a donné plusieurs articles : à la *Chronique de Paris*, rédigée par Condorcet, Rabaut-Saint-Étienne, Ducos, etc.; à la *Ruche d'Aquitaine*, journal estimé de littérature et de science publié à Bordeaux en 1817, que dirigeait un littérateur et un artiste d'un rare mérite, Louis Lacour; enfin, il a collaboré à la *Statistique des Bouches-du-Rhône*.

Malgré leurs nombreuses éditions, les livres de M. Jauffret ne se trouvent plus dans le commerce de la Librairie. On ne les rencontre guère que dans les ventes de bibliothèques particulières.

MANUSCRITS

1. *Abrégé des diverses éditions du Dictionnaire de l'Académie Française*, in-folio et in-4°. 2 vol. in-8°.

2. *Cours d'Histoire Naturelle de l'Homme.* 2 vol. in-8°.

C'est le développement et la classification des divers cours professés par Jauffret à Paris.

Pour donner une idée de l'importance des matières traitées dans ces cours, qu'il me suffise de reproduire ici textuellement un canevas autographe de Jauffret sur *l'étude de l'homme* :

« 1. Pourquoi la nature de l'homme est-elle si peu connue? — 2. Pour connaître l'homme il faut remonter à son état naturel. — 3. Le sauvage n'est pas l'homme de la nature. — 4. A quoi ont abouti les tentatives faites jusqu'ici pour connaitre l'homme naturel. — 5 Une expérience sur l'homme naturel est possible. — 6. Plusieurs philosophes en ont présenté les avantages. — 7. Qualité qu'il faut posséder pour faire avec succès une expérience sur l'homme naturel. — 8. A quel âge les enfants, que l'on se propose d'observer, doivent-ils être séparés de la société ? — 9. Les enfants de la nature se formeront-ils une langue ? Observations à faire sur l'origine du langage. — 10. Jusqu'à quel point l'homme naît-il bon ou méchant ? — 11. Observations à faire sur l'origine des idées. — 12. Réponse à quelques objections. Diversité des esprits et des caractères. — 13. Les enfants de la nature entendront quelquefois des cris. — 14. Comment les enfants de la nature seront-ils nourris et vêtus ? — 15. La prévention n'est-elle pas à craindre dans l'observateur ? — 16. Les enfants de la nature peuvent être malades : ils peuvent mourir. — 17. D'un passage de Rousseau relatif à l'expérience sur l'homme naturel. — 18. Une expérience sur l'homme naturel est digne d'être protégée par un gouvernement éclairé. — 19. Les résultats d'une telle expérience ne peuvent être indifférents. — 20. La nullité même des résultats serait utile à obtenir. — 21. Le sort des enfants de la nature ne sera pas compromis par cette expérience : il sera plutôt amélioré. — 22. Les hommes éclairés doivent encourager l'observateur et correspondre avec lui ».

3. *Histoire physiologique des différentes races d'Hommes.* Plusieurs volumes. Ouvrage très-important.

4. *Notice des travaux de la Société des Observateurs de l'Homme.* Lue à la séance publique, le 18 thermidor an 8. Elle est pleine d'intérêt.

5. *L'Enfance des grands Hommes.* 2 vol. in-18. Ouvrage des plus curieux.

6. *Voyage en France,* par l'*Ami des Enfants.* Littérature, sciences et arts.

7. *De l'Homme,* considéré relativement aux différentes régions qu'il habite.

8. *Mémoires sur les Hottentots*, considérés relativement au physique, à leurs mœurs et usages.

9. *Aventures d'Yockdan*, relatives aux idées d'un enfant abandonné et livré au seul instinct naturel. Traduit d'un auteur arabe : Abu Joaphar.

10. *Mémoire sur l'organe de l'ouïe et ses relations avec les sens.* Lu à l'*Athénée de Paris.*

11. *Discours sur les liens du sang, sur la société domestique et sur l'influence qu'ont les liens du sang sur le caractère et le bonheur des hommes*, prononcé à l'*Athénée des Arts.*

12. *Considérations sur l'Homme*, dans ses rapports domestiques. Lues à la Société des *Observateurs de l'Homme.*

13. *Discours sur l'éloquence du Barreau* et en particulier sur les devoirs de l'avocat, prononcé à la *Société des Observateurs de l'Homme.*

14. *Histoire du genre humain*, de Christophe Meiners, professeur de philosophie à l'Université de Gœttingue, traduit de l'allemand par Jauffret. Matières de plusieurs volumes.

15. *Dialogues des Enfants à l'usage des hommes.*

Nous regrettons d'autant plus de ne pouvoir justifier le titre de ce livre, que l'auteur paraissait y attacher une affection toute particulière.

16. *Notice sur l'enfance de Massieu,* instituteur des Sourds-Muets, lui-même sourd-muet de naissance, lue à la *Société des Observateurs de l'Homme.* Intéressante.

17. *Les Soirées de Famille,* en contes et historiettes. 2 vol. in-18.

18. *Les Promenades autour de Paris, à l'usage de l'enfance et de l'adolescence.* 4 vol. in-18.

19. *Le Petit garçon curieux corrigé par l'expérience.* 1 vol. in-18.

20. *La Petite fille curieuse.* 1 vol. in-18.

21. *Le Livre de l'Enfance.* 1 vol. in-8° oblong.

22. *Les Grâces de l'Enfance.* 1 vol. in-18.

23. *Les Contes du Bonhomme Tobie.* 1 vol. in-18.

24. *Le Naturaliste.* Comédie destinée au Théâtre Français, où elle avait été admise par le Comité; mais a-t-elle été représentée ?...

25. *Dissertation sur la fabrication nouvelle des médailles anciennes*, traduit de l'italien (par Jauffret) de Sextini, avec planches de médailles calquées. Cahier in-folio.

26. *Notices biographiques et bibliographiques sur les Fabulistes Fumars, de Marseille, Vitalis, d'Aix, et Guichard.*

27. *Dissertations sur Phèdre le Fabuliste et sur le poëte Saadi*, auteur de *Gulistan ou le Jardin des Roses.*

28. *Mémoire sur les monnaies et les médailles les moins connues et les plus rares de la collection du cabinet d'antiquités de Marseille.*

29. *Dialogue tendant à démontrer combien de gens font le voyage de la vie les yeux fermés.*

30. *Souvenirs historiques d'un page de Louis XV*, précédés d'une notice biographique sur le Marquis de Calvière.

31. *Cours d'études en estampes*, embrassant les notions élémentaires des sciences et des arts (avec Matheron, dessinateur et naturaliste).

32. *Notice sur la vie et les ouvrages de Champollion-Figeac*, jeune.

33. *Notice historique sur l'ancien Couvent des Bernardines, à Marseille.*

34. *Notice sur la Bibliothèque de Marseille.*

35. *Notice biographique sur Grosson*, antiquaire.

36. *Le Glaneur Bibliologique*, ou fragments des manuscrits de la Bibliothèque de Marseille. Inachevé.

37. *Biographies* du père Feuillée et du père Béraud.

38. *Rapport sur la Mosaïque découverte à Auriol.*

39. *Dissertations sur quelques Fabulistes modernes.*

40. *Commentaires sur les Fables de Florian.*

41. *Notice historique sur le capitaine Blancard, de Marseille.*

42. *Etude sur le prédicateur Fauchet.*

Nota. — Cette Bibliographie des manuscrits est-elle complète? J'aurais pu résoudre ce problème si l'*Académie de Marseille*, dans les secrets de sa sagesse, n'avait pas cru devoir refuser l'autorisation que je lui avais demandée, de prendre des notes à ce sujet dans ses archives.

DISCOURS

PRONONCÉ

PAR LE POËTE JOSEPH MÉRY

SUR LA TOMBE

DE L.-F. JAUFFRET.

Messieurs,

« Chaque jour nous apporte un triste devoir, chaque « jour nous passons par ce funèbre chemin, le plus fré- « quenté de tous les chemins qui traversent l'univers; heu- « reux quand nous venons, comme ce soir, apporter à « la terre une dépouille honorée de ceux qui survivent.

« L'homme religieux, l'homme de bien et de savoir que « nous conduisons à sa dernière demeure, n'a rien à re- « gretter dans ce monde qu'il laisse après lui. Pendant un « demi-siècle d'exercice littéraire, *Louis-François Jauffret* « n'a pas écrit une seule ligne qu'il eût voulu effacer hier « matin, à l'aurore de son dernier jour et du premier de « son éternité. C'est le seul et le plus bel éloge qu'on « doive faire ici d'un écrivain, à une époque où la plume « du lendemain devrait si souvent corriger les erreurs de « la veille.

« Jauffret appartenait à cette noble école de moralistes « qui conduisent l'homme de leçons en leçons, depuis les « bégaiements de l'enfance jusqu'à cette autre enfance voi- « sine du tombeau. S'il est permis de parler de choses « mondaines dans cette formidable demeure où l'on ne de- « vrait parler que de Dieu, je dirai que mes contempo-

« rains et moi nous avons tous appris les éléments de la
« littérature religieuse et morale dans les livres que Jauf-
« fret destinait à l'adolescence, et qu'arrivés ensuite à la
« maturité de l'âge, nous avons encore retrouvé notre
« premier précepteur dans des ouvrages d'une littérature
« plus élevée, mais toujours empreinte de ce charme naïf
« et serein qui est le style du cœur.

« Une vie ainsi faite devait être couronnée d'une mort
« digne d'elle; il est facile de mourir quand on a bien
« vécu. La mort ne se présente à notre esprit qu'avec des
« idées de dissolution violente et de lutte douloureuse entre
« l'âme qui s'envole et le corps qui veut la retenir. Ce
« n'est point à ces déchirements qu'on reconnaît le trépas
« du juste. Dieu épargne ces angoisses aux hommes de
« foi vive et de bonne volonté. C'est la dernière des grâces
« divines.

« Hier encore, Jauffret vivait dans toute la plénitude de
« ses facultés morales; le soir venu, Jauffret n'est pas
« mort, il s'est éteint comme le jour; il a baissé la tête
« sur sa poitrine comme un travailleur fatigué de sa tâche,
« et il s'est endormi.

« Il s'est réveillé au sein de Dieu ! »

LETTRES, RAPPORTS ET DOCUMENTS INÉDITS

CONCERNANT

L.-F. JAUFFRET

Lettre de Marcel (1) *en son nom et en celui de Jauffret, à Lacépède.*

« Paris, le 23 prairial an XII.

« Le Directeur général de l'Imprimerie Impériale et vice-président de la *Société* « *des Observateurs de l'Homme*, à Monsieur le Sénateur *Lacépède*, Grand « chancelier de la Légion d'honneur.

« Monsieur,

« Je suis extrêmement sensible, ainsi que M. *Jauffret*, aux sentiments d'es- « time et d'amitié que vous avez bien voulu nous témoigner dans votre lettre « obligeante du 19 dernier; j'y aurois fait plutôt, réponse mais étant adressée « nominativement à M. *Jauffret*, alors absent de Paris, elle n'a pu être ouverte « qu'hier 22.

« Nous aurions, Monsieur, un pressant besoin de vous entretenir pendant « quelques minutes d'un objet qui intéresse essentiellement la *Société des Ob-* « *servateurs de l'Homme* et qu'elle nous a chargé de mettre sous vos yeux. Ne « doutant point d'être accueillis de vous avec l'affection que vous avez toujours « bien voulu nous témoigner, nous aurons l'honneur de nous présenter demain « chez vous, avant neuf heures du matin.

« Nous avons l'honneur, etc.

« J.-J. MARCEL ».

Billet de De Maimieux (2) *à M. Jauffret, secrétaire perpétuel de la Société des Observateurs de l'Homme, Hôtel de La Rochefoucault, rue de Seine.*

« Estimable et cher collègue ».

« Je vous prie de vouloir bien inscrire au nombre de vos promeneurs du 27, « les personnes dont voici les noms : 1. M. Thomas Manning, 2. M. Tuthil,

(1) Attaché à la commission scientifique de l'expédition d'Égypte, professeur au Collége de France, auteur d'une *Histoire d'Égypte*.

(2) Inventeur de la *Pasigraphie*.

« 3. Madame Tuthil, 4. M. Taylor, 5. M. Southy. Ayez la bonté de m'adresser « les cinq billets à remettre à ces Anglais. 6. M. De Bons, hôtel de St Thomas-« du-Louvre, rue St Thomas-du-Louvre. Lui adresser directement le billet. « Ayez la complaisance d'ajouter à l'envoi des billets, l'adresse du citoyen *Bro-« quet*, à qui je crois avoir une occasion d'être utile.

« Agréez les assurances de mon sincère attachement.

« Le 24 floréal. « DE MAIMIEUX ».

Lettre de Palisot-Beauvois, botaniste, à Jauffret.

« J'ai l'honneur de saluer mon ami M. Jauffret et de le prévenir que je viens « d'envoyer à M. *Jussieu* l'entier complément de la lettre A et toute la lettre B « pour la partie du *Dictionnaire* dont je suis chargé. Je me recommande à lui « auprès de MM. Levrault : 1° pour l'impression de mon ouvrage ; 2° pour les « livres suivants dont j'ai besoin pour travailler....... ..

« *Les Champignons* de Bulliard.

« *La Cryptogamie* d'Hoffman..... Ils me sont indispensables..

« Salut, estime et amitié.

(Sans date). « PALISOT-BEAUVOIS. »

L. F. Jauffret offre à la Société des Observateurs de l'Homme les Manuscrits autographes de son ami Florian.

(EXTRAIT DE SON RAPPORT).

« Parmi les objets que la Société doit rechercher à recueillir pour son « *Muséum* spécial, il en est une sorte qu'elle ne doit pas omettre, et dont la « collection sera un jour fort curieuse et fort intéressante, c'est une suite de « manuscrits d'hommes célèbres. Plus un homme a eu de réputation, et plus « nous sommes jaloux de voir après sa mort quelques-uns des objets qui lui « ont appartenu. Nous nous consolons en quelque sorte de son trépas, en regar-« dant ou son portrait, ou son buste, ou les livres qu'il a feuilletés. Mais ses ma-« nuscrits ont et doivent avoir un prix plus grand encore à nos yeux. L'écriture « plus ou moins formée, plus ou moins menue, plus ou moins serrée, la com-« position plus ou moins facile, plus ou moins nette, sont autant d'indices du « caractère d'un auteur, de la trempe de son esprit. Des brouillons d'ouvrages « devenus célèbres ont de plus l'avantage unique d'être des leçons vivantes « de goût ; et sous ce rapport leur conservation est très-désirable. Un jour, « sans doute, la Société possédera plusieurs objets de ce genre ; en attendant, je « lui ferai hommage de quelques manuscrits de *Florian* que j'ai été chargé de « mettre en ordre après sa mort. Ils ont du prix, en ce qu'ils sont écrits de « sa main, et qu'on peut juger par les nombreuses ratures qu'ils présentent, « combien son style, qui est si simple, lui coûtait cependant de travail. Ils ont « du prix, en ce que la plupart ont été écrits dans sa prison, et qu'on y trouve « le brouillon de la pétition qu'il écrivit au Comité de Salut Public pour se

« plaindre de son arrestation et solliciter sa délivrance. Ils ont du prix, en ce « que, dans le nombre, se trouve aussi un *Sermon sur la mort*, coup d'essai « de *Florian*, qui composa ce morceau quand il était encore page. On y voit « le germe de son talent et de cette teinte de mélancolie qu'il a répandue ensuite « dans ses ouvrages les plus agréables... ».

Rapport par L. F. Jauffret, sur les citoyens Hallé et Georges Cuvier, pour leur admission à la Société des Observateurs de l'Homme.

« Estimables confrères ».

« Les vœux de la *Société des Observateurs de l'Homme* commencent à être « remplis. Elle désirait appeler dans son sein des hommes capables tout à la « fois de la soutenir par leurs talents et de l'honorer par leurs vertus. Vous « venez d'adopter des collaborateurs dignes d'estime à ces deux titres, et « ceux que je présente aujourd'hui sont connus avec avantage et par des « talents éminents et par les qualités les plus rares.

« L'un, professeur d'hygiène à l'École de Médecine, est mis au rang des plus « savants physiologistes de l'Europe, c'est le citoyen *Hallé*.... L'autre est « professeur d'Anatomie comparée au Muséum d'Histoire naturelle, c'est le « citoyen *Cuvier*, qui m'a témoigné le désir d'être reçu parmi vous...

« L'amitié qui me lie à ces deux hommes célèbres ne me fait point ici exa- « gérer leur mérite. Je ne dis rien que tout le public ne l'ait déjà dit avant « moi. En vous parlant d'eux, je ne fais qu'exposer ce que vous en pensez « vous-mêmes.

« J'invite la Société à arrêter qu'elle délibérera dans sa séance extraordinaire « du 7, sur l'admission des citoyens *Hallé* et *Cuvier*.

Extrait du Rapport de Jauffret au sujet du voyage scientifique du capitaine Baudin, dans la Nouvelle-Hollande.

« L'existence d'une Société qui consacrera tous ses travaux à l'avancement « de la science de l'homme ne peut manquer de faire époque dans l'histoire de « l'esprit humain....

« Pour arriver au but que la Société se propose, elle ne doit laisser échapper « aucune occasion de perfectionner l'*anthropologie*. Il s'en présente une... Une « expédition autour du monde va s'effectuer. C'est le capitaine *Baudin* qui va « lui donner son nom.

« Un homme d'un mérite éminent (1) m'a chargé de demander à la *Société* « *des Observateurs de l'Homme* des *Instructions particulières* sur les recher- « ches à faire relativement à l'homme des diverses contrées qui seront visitées « par le capitaine *Baudin*....

« Je demande que la Société nomme des commissaires pour rédiger les « *Instructions* qu'on attend d'elle. Je lui propose de nommer pour commissaires « les citoyens *Hallé, Cuvier*, *Sicard* et *De Gérando* ».

---

(1) Levaillant,

Extrait du Rapport de Jauffret sur l'admission de De Gérando.

« .... Vous désiriez admettre dans votre sein un des hommes qui ont le plus « approfondi la connaissance difficile de l'entendement humain, et vous aviez « jeté les yeux sur le citoyen *De Gérando*.... Notre confrère *Sicard*, lié depuis « longtemps avec lui, en nous parlant de ses vertus, a augmenté le désir que « nous avions de le posséder à cause de ses talents. Vous savez combien nous « sommes scrupuleux sur le choix des Membres que nous admettons parmi « nous. Qu'il est satisfaisant pour notre direction de vous présenter aujourd'hui, « dans la personne du citoyen *De Gérando*, tout ce que le mérite a de grand « réuni à tout ce que la modestie a d'aimable !... »

Jauffret aux citoyens administrateurs de l'hospice de Saint-Afrique (Aveyron).

« Paris, 9 pluviose an VIII. »

« Citoyens,

« S'il est vrai que vous ayiez maintenant dans votre Hospice un jeune « sauvage de 12 ans, trouvé dans les bois, il serait bien important pour le pro- « grès des connaissances humaines, qu'un observateur plein de zèle et de bonne « foi pût constater, avant sa civilisation, la somme de ses idées acquises, étu- « dier la manière dont il les exprime, et voir si la condition de l'homme aban- « donné à lui-même est tout à fait contraire au développement de l'intelli- « gence. C'est à Paris, par les soins de mon ami et confrère *Sicard*, instituteur « des sourds-muets, et sous les yeux de quelques autres *Observateurs de* « *l'Homme*, que ces recherches intéressantes devraient se faire.... Ce serait donc « de votre part une œuvre bien méritoire que de le faire conduire à Paris. Sur « vot : réponse, il vous sera sur le champ expédié des fonds, et si, pour hâter « son arrivée, vous en faisiez l'avance, ils vous seraient aussitôt remboursés (1).

« Salut et considération.

« L. F. JAUFFRET, Rue de Vaugirard ».

A L'AMI JAUFFRET,

Par l'Abbé Sicard (2).

Ami de l'homme, amant de la nature,
Aimable et sensible Jauffret ;
Tu nous offres l'image pure,
Du plaisir exempt de regret,

---

(1) Le sauvage fut conduit à Paris, où il fut l'objet d'une foule d'observations intéressantes, à en juger par le rapport de Philippe Pinel, soumis à la *Société des Observateurs de l'Homme.*

(2) Célèbre instituteur des sourds-muets. Qui soupçonnerait le savant abbé d'avoir sacrifié *aux Muses* ? Cette petite pièce qui a le mérite de l'inédit et de l'imprévu, pourra du moins justifier une fois de plus le vieil adage : *non est magnum ingenium sine. . .*

A l'heure où l'oiseau plus discret,
Cherche le frais sous la verdure,
A chacun de nous lance un trait.
C'est un aimant pour la jeunesse,
Qui l'attendrit en la calmant ;
Il intéresse la vieillesse,
En lui rendant le sentiment.
L'amour, oubliant son carquois,
Veux t'accompagner et t'entendre;
Le mondain, sans savoir pourquoi,
Sous tes lois vient aussi se rendre :
Qui sait émouvoir tous les âges,
Ingénieux et bon Jauffret,
Est sûr d'obtenir les suffrages. . . .
Du bonheur tel est le secret,
On en jouit sans le connaître,
On le goûte sans le chercher;
Veut-on le soumettre au toucher :
Bientôt on le voit disparaître.
S'il est encor quelqu'indiscret,
Qu'il s'adresse à l'ami Jauffret.

Extrait du traité entre Levrault frères, éditeurs, et Jauffret, pour le Dictionnaire des Sciences naturelles.

(*Du* 10 *ventose an* IX).

« Entre nous soussignés, *Louis François Jauffret*, secrétaire perpétuel de la « *Société des Observateurs de l'Homme*, demeurant à Paris, rue de Seine, hôtel « de la Rochefoucault, division de l'unité, et *Nicolas Levrault*, libraire à Paris, « en son nom et stipulant pour les citoyens Levrault, ses frères, il a été fait le « traité suivant :

« Art. 1. Le citoyen Jauffret désirant, d'intelligence avec plusieurs natura- « listes, entreprendre un nouveau *Dictionnaire d'Histoire naturelle*, vend, cède « et garantit aux citoyens Levrault frères, la propriété absolue de cet ouvrage.

« Art. 2. Le citoyen Jauffret s'engage à faire coopérer à la rédaction du dic- « tionnaire les citoyens dont les noms suivent : les C. C. *Jussieu, Cuvier,* « *Fourcroy, Brongniart, Lacépède, Lamarck, Lacroix, Dumont, Duméril,* « *Beauvois, Duchesne, Mirbel, Tessier, Daudin.* Les citoyens Levrault frères « authorisent dès à présent le citoyen Jauffret à offrir pour le travail parti- « culier et indépendamment de la rétribution fixée pour tous les collaborateurs « au citoyen Jussieu et au citoyen Cuvier, six mille livres chacun, au citoyen « Brongniart, quatre mille livres, et au citoyen Fourcroy trois mille livres.

« Art 4. Le citoyen Jauffret s'engage à diriger l'entreprise, à lier entre elles « les différentes parties du manuscrit et à fournir ce manuscrit en état d'être « imprimé ; à cet effet il sera chargé de la correspondance avec tous ses colla-

« borateurs. Pour prix de ce travail particulier, les frères Levrault s'engagent « à payer au citoyen Jauffret quatre mille livres, indépendamment de la rétri- « bution à laquelle il aura droit de prétendre pour la portion de manuscrit « qu'il fournira personnellement ».

« Art 5. Ces différents engagements, indépendamment du montant des « feuilles, forment un total de 23,000 livres dont un tiers sera payé dans l'in- « tervalle d'un mois.

« Art 6. Les citoyens Levrault frères s'engagent à payer la feuille de copie « de cet ouvrage à raison de trente livres la feuille.

« Art. 13. Dans le cas d'une seconde édition, le citoyen Jauffret, tant en son « nom qu'en celui de ses collaborateurs, s'engage à faire revoir, par eux, cette « seconde édition, et à y faire les améliorations jugées convenables.

« Art. 14. De leur côté, les citoyens Levrault frères s'engagent à payer pour « cette révision, aux citoyens Cuvier et Jussieu, chacun 3000 livres, aux citoyens « Fourcroy, Brongniart et Jauffret, chacun 2000 livres, et en outre de payer « les additions qui pourraient y être faites à raison de 30 livres la feuille ».

Lettre de Antoine Douay, à Jauffret, rédacteur du Courrier des Enfants.

« Du 8 nivôse an VI.

« Je suis charmé, citoyen, d'avoir pu vous procurer des abonnés, et croyez « qu'en toute occasion je chercherai toujours à augmenter le nombre de vos « admirateurs qui désirent beaucoup vous voir recommencer vos promenades « instructives au jardin des plantes....

« Je suis, citoyen, avec estime et respect, votre dévoué serviteur,

« A. DOUAY ».

Lettre de Kotzebue à Weis et Jauffret.

« Jéma, ce 4 Juillet 1799.

« J'apprends par les papiers publics que vous m'avez fait l'honneur de donner « une traduction de plusieurs de mes pièces, et que vous vous proposez d'en « former une collection, sous le titre de *Théâtre de Kotzebue*. Je me sens entiè- « rement flatté de la préférence que vous avez bien voulu m'accorder, et vous « m'obligeriez infiniment, si vous voudriez m'envoyer un exemplaire de votre « traduction. En outre, pour vous marquer ma reconnaissance, j'ai cru devoir « vous annoncer, que je possède encore 8 *manuscrits*, qui ne seront imprimés « en *Allemand* qu'après *deux ans*, si vous souhaiteriez peut-être vous en « servir pour une *traduction* avant ce terme. Vous n'auriez qu'à me marquer « vos intentions, et l'honoraire que les circonstances vous permettront de m'ac- « corder.

« J'ai l'honneur, etc.

« Auguste de KOTZEBUE. »

Lettres de Tézenas, avocat, de la Société Académique des Sciences de Paris, à Jauffret, bibliothécaire de la ville de Marseille.

« Paris, 26 novembre 1818.

« Vous me négligez, mon cher ami... Depuis la première livraison de votre « *Ruche*, j'ai reçu une courte lettre de vous... Nous nous sommes réunis quel « ques jeunes gens à talens et moi, pour examiner s'il ne serait pas possible de « faire un *journal littéraire*.... (1) plus piquant que la foule de ceux qui nous « entourent: Rien encore n'est décidé. Si vous étiez ici, probablement nous « réussirions... *Miger* me demande quelquefois de vos nouvelles... J'ai fait une « pièce de vers sur *Charlemagne*, de d'*Arlincourt*, que je vous enverrai sous « peu de jours.

« Adieu, mon cher ami.

« TÉZENAS. »

« Paris, 15 décembre 1818.

« J'ai reçu vos deux dernières lettres, mon cher ami... J'attends de vous « quelques billets en blanc pour les *deux frères*, et à ce sujet je crois devoir vous « dire que si vous voulez faire jouer votre *Naturaliste*, vous pouvez me l'en- « voyer pour le faire lire et admettre au *Théâtre Français*. Dans le cas où vous « vous décideriez à le donner, j'y mettrais tous mes soins; vous pourriez aussi « en parler à votre ami *Raynouard*....

« TÉZENAS. »

J.-E. Agoub, professeur de langue arabe au Collége royal de Louis-le-Grand, à M. Jauffret, secrétaire perpétuel de l'Académie de Marseille.

« Paris, 18 avril 1824.

« Honorable Collègue,

« Je n'ai pu lire sans une vive émotion la lettre extrêmement obligeante que « vous avez eu la bonté de m'écrire en m'envoyant le diplôme d'associé corres- « pondant de votre Académie, l'amitié que vous m'avez toujours témoignée peut « seule expliquer ce qu'il y a d'exagéré dans les expressions flatteuses qu'elle « contient. Je sens que c'est surtout à cette indulgente amitié que je dois au- « jourd'hui la faveur inattendue dont je suis l'objet: vous venez de m'apprendre « combien il est doux de devoir de la reconnaissance aux personnes qui ont « depuis longtemps commandé notre estime et mérité notre attachement...

« Votre affectionné collègue.

« J. E. AGOUB. »

---

(1) *Le Conservateur littéraire*, par Abel Hugo, Victor Hugo, Théodore Pellicier, Alexandre Soumet, Tézenas de Montbrison, Félix Biscarat, 1820, 3 v. in-8. V. Barbier, *Dictionnaire des Anonymes et des Pseudonymes*, 2e éd. t. 1er, p. 213.

Lettre de Thiébaut de Berneaud (1) *à Jauffret.*

Le secrétaire perpétuel de la *Société Linnéenne de Paris* à M. Jauffret, bibliothécaire de la ville de Marseille.

« Paris, 16 fevrier 1824.

« Mon très-cher confrère et paresseux ami,

« Votre silence envers moi ne m'empêche point de conserver le souvenir de « votre extrême obligeance, et c'est pour vous en donner une nouvelle preuve « que je viens vous prier de rendre service à la famille d'un mien ami d'en- « fance. Son neveu.... nommé E. De G. vient d'obtenir une bourse au collége... « L'enfant a perdu son père et sa mère.... Vous êtes père, vous aimez les « enfants, vous me rendrez donc le service de faire veiller sur sa santé et sur « sa conduite. Je m'en rapporte à votre amitié.

« Comptez sur mon dévouement.

« THIÈBAUT DE BERNEAUD ».

Billet du Baron de Stassart (2)

« J'ai bien des regrets de ne m'être pas trouvé chez moi, lorsque mon cher « et estimable ami *M. Jauffret*, m'a fait l'honneur d'y venir. Je dois partir à « l'instant pour Saint-Cloud, mais demain je serai à ses ordres jusqu'à 9 heures.

« Mille salutations affectueuses.

(Sans date) « BARON DE STASSART ».

1 heure 1/2.

Lettre du Comte de Villeneuve-Bargemont (3) *à Jauffret.*

Marseille, le 26 juin 1820.

« Cabinet du Préfet,

« Le Préfet offre tous ses remercîments à M. Jauffret du *Mémoire* extrême- « ment intéressant qu'il a eu la bonté de lui communiquer et dont il compte

---

(1) Un savant distingué, auquel on doit divers ouvrages et notamment les *Mémoires de la Société Linnéenne.*

(2) Ancien représentant de la chambre Belge, auteur de *Circé,* chienne célèbre, et de *Fables* fort estimées.

(3) Préfet des Bouches-du-Rhône.

« tirer le plus grand parti pour la *Statistique* (1). Il sera non moins reconnais-
« sant des soins que M. Jauffret veut bien prendre de lui procurer un travail
« particulier sur la Bibliothèque et sur l'Académie de Marseille, et le prie
« d'agréer l'expression de sa gratitude avec celle du plus sincère attachement.

« COMTE DE VILLENEUVE. »

Lettre du Marquis De Montgrand (2) *à Jauffret.*

« St-Menet-lez-Marseille, 7 Juillet 1822

« .... Des affaires multipliées et des souffrances opiniâtres m'ont empêché
« de remercier plus tôt M. Jauffret de tout ce qu'il a bien voulu m'adresser....
« Tout dans le témoignage que j'ai reçu de son obligeant souvenir, a été vive-
« ment senti par moi, tout est apprécié et et je serai heureux s'il en est bien con-
« vaincu ainsi que des sentiments d'estime, d'attachement et de considération
« très-distinguée que je lui ai voués pour jamais.

« MARQUIS DE MONTGRAND. »

Lettre de Jauffret à Madame De Segond (3)

« Madame,

« Les romances que j'ai composées dans le temps, et dont mon ami *Méhul* a
« fait la musique, sont devenues aujourd'hui si rares, que j'ai eu beaucoup de

---

(1) C'est la *Statistique du département des Bouches-du-Rhône*, publiée par les soins du Comte de Villeneuve.

(2) Maire de Marseille, Gentilhomme de la chambre du Roi Charles X.

(3) Madame de Segond était fille du *Comte de Vaublanc*, alors Ministre de l'Intérieur, auteur de *Mémoires* et de *Souvenirs* du plus grand intérêt. — M. Jauffret eût des relations avec cette famille dès son arrivée à Marseille, en 1815, époque où le Comte de Vaublanc, fut nommé Ministre. Au reste, ces rapports sont attestés par des billets autographes, dont nous donnons deux extraits :

« Mon père m'a chargée, de vous offrir ses adieux, et ses regrets de n'avoir
« pu vous les faire lui-même... »

« L. De Second née De Vaublanc.

« Marseille, mercredi matin, 27 sept. 1815.

« Ma cousine Madame De Segond, qui est extrêmement souffrante, me
« charge de vous dire qu'elle vous recevra toujours avec plaisir.... »

« A. De Na. .. (*illisible*).

« M. Jauffret, à Paris, Grand-Hôtel de Bretagne. »

« peine à en trouver quelques unes, que j'ai l'honneur de vous offrir comme « un tribut d'admiration pour vos talens....

« M'accorderez-vous la permission de vous dédier le recueil de mes *Romances historiques et pastorales* (1), que je me propose de publier dans le format « de mes *fables* que j'ai dédiées à *Madame*?... Je n'ose encore vous demander « si vous avez pensé à *Théodora*, je crains qu'il ne vous soit aussi difficile « aujourd'hui, de penser à cette Romance, qu'il doit l'être à Son Excellence de « penser à son poëme.... »

Lettres de L. P. Béranger (2), *à Jauffret.*

« Lyon, 6 février 18..

« Mon bon et cher Ami,

« Que vous êtes heureux de vivre en paix à Marseille... Nous sommes ici, « dans des transes mortelles. Que faire? où aller?... La tourmente n'ira pas « dans le midi. Le nord gravite vers le *centre*, mais la Loire est une limite.... « Nous recevons ici votre journal. Je vous remercie de ce cadeau. Je crois être « à Marseille.... aux allées de Meilhan. Je vous remercie de l'insertion de « l'*Epître de Capet*. Mais si, de votre aveu, celle de *Madame de Riga* est plus « charmante... glissez-la... Madame de *Krudner née Munich* ne déplaira pas « dans cette circonstance, et Lyon vous sera obligé de consacrer l'estime que « cette prophétesse a manifesté pour les Lyonnais.... Il pleut des brochures, « dont quelques-unes sont au sel, les autres au poivre, gare l'eau-forte! Le M... « est d'une fécondité effrayante. *Lanjuinais sibi constat.... Grégoire* est « enragé, il prodigue et profane l'érudition ..

« Je vous salue de tout mon cœur, et vous embrasse de mes longs bras de « 60 lieues.

« L. P. B. »

« Lyon 1er Décembre (18..)

« J'ai reçu vos lettres, elles me causent une douce illusion, car je crois être « avec vous, et je suis encore à Marseille. — Marseille, de toutes les cités que « j'ai habitées la plus aimable, la plus aimée et la plus aimante. Fixez-vous-y « donc, quoique la capitale vous réclame... Voici une bonne folie qui pourra « faire rire nos provençaux, et même les édifier. J'ai composé un morceau « intitulé : *Oubli et pardon.* J'y ai mêlé la crême avec la moutarde, et pour ne « pas me brouiller à mort avec le dieu du jour (je veux dire avec les gens de « lettres qui vous ressemblent), j'ai supposé gaiement que mon ouvrage est

---

(1) La 2e Édition de ce recueil n'a pas paru.

(2) Inspecteur de l'Académie de Lyon, docteur de l'Université, associé de l'Institut, né à Riez, (Basses-Alpes) en 1749, mort en 1822.

« traduit d'un provençal *de Riez* comme moi... J'ai lu cela à M. *de Moiria* et
« à M. *Delandine* (1) et on m'a pressé de le publier....

« A vous de cœur et d'âme,

« L. P. B. »

« Ci-joint la copie du *portrait Krudner* (2), écrite sur ses genoux.

« Madame de K. est née en 1770, à Wietinghoff, en Livonie. Voici le portrait
« de cette illustrissime Sybille. — Madame de K. était citée dans sa jeunesse
« par la légèreté aérienne de sa taille, la beauté de ses traits et les charmes de
« son esprit. A tous les moyens de plaire, il faut ajouter un cœur sensible, une
« imagination vive et un penchant irrésistible aux rêveries mélancoliques
« Madame de K. a perdu la fraicheur de sa jeunesse, mais sa taille est encore
« svelte et gracieuse, ses yeux n'ont rien perdu de leur flamme *magnétique*.
« Le temps n'a point outragé sa blonde chevelure, et le miel de la persuasion
« coule avec abondance de ses lèvres vermeilles.

« ... J'espère que vous me donnerez le plaisir de vous lire.

« Salut à *Maître Jean Segond*.

« BASIA. »

Lettre de Jauffret à Raynouard, secrétaire perpétuel de l'Académie Française.

« Marseille, septembre 1832.

« Seriez-vous venu si près de Marseille, sans m'accorder la faveur de vous y
« posséder un seul jour ? .. Si j'avais pu espérer vous trouver à Brignoles,
« j'aurais pris une place à la diligence... Tout mon espoir, si vous ne venez
« pas à Marseille, est d'aller vous embrasser à Aix .. Il me serait trop pénible
« de perdre une occasion si précieuse et si rare de vous témoigner les senti-
« ments de véritable amitié que vous a voués pour la vie, votre affectionné
« compatriote. »

Lettre de M. Albert Rostand à Jauffret.

« Marseille, 27 octobre 1832.

« Je m'empresse d'avertir M. Jauffret que nous avons reçu des nouvelles
« satisfaisantes de M. *Alphonse de Lamartine*, sauf quelques contrariétés que
« lui a fait éprouver la santé délicate de sa jeune fille.. Il est actuellement à
« Beyrouth... où il compte laisser sa femme et sa fille.... Quant à lui-même
« et à ses aimables compagnons ils comptent parcourir les ruines de Palmyre...

---

(1) Savant érudit, conservateur de la Bibliothèque de Lyon.

(2) Julie, Baronne de Krudner, femme mystique, auteur de *Valérie*.

« et visiter la Syrie. M. de Lamartine a congédié l'*Alceste* (1). Dans les aimables « lettres que M. de Lamartine a adressées à papa, il comble d'éloges l'équipage « et le capitaine... et dit que l'instant où ils se sont séparés a fait répandre bien « des pleurs et causé une scène attendrissante de part et d'autre.... Je m'em- « presse de faire savoir ces nouvelles à M. Jauffret, connaissant l'intérêt et « l'affection qu'il porte à l'illustre poëte.

« Albert Rostand. »

Lettre de Jauffret à Marcel, ancien directeur de l'Imprimerie Impériale, professeur au Collége de France.

« 21 avril 1833.

« Mon cher ami. Les siècles qui se sont écoulés depuis nos anciens rapports, « ne m'ont rien enlevé de mon affection pour vos qualités du cœur ni de mon « estime pour vos vastes connaissances. Vous êtes un des hommes qui me font « le plus regretter Paris, aussi je saisis avec empressement l'occasion qui se « présente de me rappeler à votre souvenir. Bibliothécaire de Marseille, « depuis longues années, je voudrais, ne pouvant plus m'entretenir avec vous, « lire au moins ce que vous écrivez... J'ai sous les yeux le prospectus d'une « *Histoire scientifique de l'Empire d'Égypte.* Dites moi ce que coûte l'ouvrage.. « S'il est d'autres ouvrages de vous dont je puisse enrichir l'établissement « confié à mes soins, obligez moi de m'en donner la note. J'y trouverai deux « avantages, celui de vous lire et celui de vous faire lire... »

Lettre de Jauffret, au Général Baron Delort, Pair de France, Député du Jura, aide-de-camp du Roi, traducteur des Odes d'Horace, en vers.

« 7 mai 1833.

« Mon cher général. Ce n'est jamais sans émotion, sans un vif sentiment de « sympathie et de reconnaissance que je lis les caractères tracés par votre « main... Je me suis pris, depuis long-temps, d'une belle passion pour les auto- « graphes, j'en possède un assez bon nombre auxquels se rattachent de chers « et glorieux souvenirs (2), jugez si votre écriture n'est pas faite pour légitimer « cette passion et si je ne dois pas distinguer parmi les plus précieuses lettres « que je conserve, celle qui me vient d'un héros, d'un littérateur à qui j'ai « tous les jours de nouvelles obligations.... Veuillez dire à M. *Vatout* (3)

---

(1) C'est le navire que l'auteur des *Harmonies poétiques* avait affrété à M. Rostand, armateur de notre ville, pour son voyage en Orient.

(2) Voir la *note* qui termine ces documents.

(3) Bibliothécaire du Roi, de l'Académie Française.

« votre collègue à la Chambre des Députés, tout le plaisir que j'ai eu à lire sa « *Conspiration de Cellamare....* »

Lettre de Reinaud (1) *à Jauffret.*

« Paris, le 8 août 1834.

« Mon cher ami,

« Je prends la liberté de recommander à votre bienveillance un de mes amis, « M. *Adrien de Longperrier* qui visite avec ses parents le Midi de la France. « M. *de Longperrier* est bien jeune (2) mais il est plein d'ardeur et il sera en « état d'apprécier toutes les richesses que vous voudrez bien étaler devant lui.

« Depuis long-temps j'ai été privé du plaisir de recevoir de vos nouvelles...

« Votre très-dévoué serviteur et ami,

« REINAUD. »

Lettre de Eymery de Saintes à Jauffret.

« Paris, 15 octobre 1834.

« Mon cher ami,

« Je vous adresse, avec quelques prospectus de la *Bibliothèque d'Éducation*, « que je recommande à vos bons soins, un exemplaire des quatre premiers vo- « lumes de cet ouvrage qui sont en vente. Donnez-y quelqu'attention... L'ou- « vrage est digne de tout votre intérêt... A quatre heures et demie j'irai vous « prendre à votre hôtel, vous savez que nous dînons ensemble aujourd'hui.

« Tout à vous de cœur.

« Monsieur Jauffret, à Paris.

« A. EYMERY DE SAINTES (3). »

---

(1) Joseph-Toussaint Reinaud, né à Lambesc en 1795, mort en 1867, orientaliste; de l'Institut, conservateur de la Bibliothèque Impériale, etc.

(2) Il est aujourd'hui membre de l'Institut.

(3) Les rapports de Jauffret avec Eymery (dont on peut voir les ouvrages cités T. 1er, col. 204 et suiv. de la 2e Édition des *Supercheries littéraires*) sont plus amplement constatés par d'autres lettres et divers traités antérieurs. En voici deux extraits :

« Saint-Étienne, 5 août 1814.

« Le hasard m'ayant fait parler de vous.... J'ai appris.... que vous vous oc- « cupiez toujours de lettres. Depuis longtemps notre ami commun, *Dussault*, « rédacteur au *Journal des Débats*, m'a engagé à vous demander quelques ma- « nuscrits. Votre réputation autant que mon désir de me lier d'affaires avec un « littérateur aussi distingué que vous, me font souhaiter que vous veuilliez

Lettre de C.-L.-F. Panckoucke, éditeur des traductions des auteurs latins, à M. Jauffret, à Paris.

« Paris, le 19 juillet 1836.

« Mon cher ami.

« Je m'empresse de vous restituer votre *Rapport sur les manuscrits de* « *l'abbé Rive* (1), je l'ai lu avec le plus grand intérêt, et vous dis les plus sin- « cères remercîments de sa communication. C'est une pièce vraiment impor- « tante pour l'histoire littéraire, qui ne devrait pas être perdue pour ceux qui « font de la Bibliographie une étude. En la refondant en forme d'un mémoire; « vous devriez la faire imprimer ou insérer dans les *Mémoires* de votre Acadé- « mie.... »

Lettres à l'auteur, par MM. Poujoulat et Jules Janin.

« Tours, 9 mars 1868.

« Je ne puis que vous encourager, Monsieur, dans le projet que vous voulez « bien me communiquer. M. *Jauffret* mérite ce souvenir et cet hommage....

« bien mettre à profit une idée de *contes* que je vous soumets. Je voudrais deux « petits volumes in-18 divisés par chapitres qui retraceraient.... les plaisirs et « les peines de l'enfance. Ce petit ouvrage pourrait s'intituler *les Contes du* « *bonhomme Tobie, par J.......* Si vous goûtez cette idée, vous pouvez la déve- « lopper en m'en faisant passer le plan.... j'achète en toute propriété...

« J'ai l'honneur, etc.

« A. Eymery, libraire-éditeur.

« M. Jauffret, homme de lettres, à St-Étienne. »

« Entre les soussignés: L.-F Jauffret, homme de lettres, et Alexis Eymery, « libraire-éditeur, a été convenu ce qui suit : M. Jauffret cède en toute pro- « priété à Eymery, sans aucune restriction de sa part, les ouvrages dont les « titres suivent et qui porteront son nom : *Les soirées de famille*, 2 v. in-18; « *Les promenades autour de Paris*, 4 v. in-18; *Le petit garçon curieux cor-* « *rigé par l'expérience*, 1 v. in-18; *La petite fille curieuse*, 1 v. in-18; *Le* « *livre de l'enfance*, 1 v. in-18; *Les grâces de l'enfance*, 1 v. in-8° oblong « *Les contes du bonhomme Tobie*, 1 v. in-18.... »

Nous consignons ici ces particularités, parce que nous avons pensé qu'elles pourraient peut-être mettre sur la voie les chercheurs occupés de *questions de littérature légale*.

(1) Parmi les documents que j'ai consultés, je n'ai vu aucune trace de ce rapport.

« J'ai vu M. Jauffret en 1832, à Marseille, alors que, très-jeune encore, je « revenais de mes voyages d'Orient. C'était un bienveillant et doux vieillard, « d'un esprit aimable, fin, d'un cœur droit et d'un noble caractère, qui avait « beaucoup vu et qui parlait bien de ce qu'il avait vu. Il avait une aménité qui « semblait déceler le signe de sa vocation pour charmer les enfants....

« Croyez, Monsieur, à tous mes sentiments.

« POUJOULAT ».

« Passy, 5 mai 1869.

« En effet, Monsieur, je retrouve au premier rang de mes meilleurs souvenirs, « le bon fabuliste et l'aimable poëte *Jauffret*...

« M. Jauffret, était, en 1812, le principal du Lycée de Saint-Etienne, et « m'étant présenté tout seul pour entrer au Lycée, Monsieur Jauffret me tendit « la main.... Il nous quitta bien vite, et je l'ai toujours regretté, tant les bon-« nes gens étaient rares, sous la robe de ces proviseurs improvisés par la « Restauration.

« Je n'ai revu Monsieur Jauffret qu'une fois, chez Monseigneur l'Évêque « d'Hermopolis (1) qui l'honorait de ses bontés. Il nous récita deux ou trois « pièces de vers, très-ingénieux, comme il savait les faire. Il avait bonne grâce « à les dire, et nous l'écoutions très volontiers....

« Agréez, Monsieur, les meilleures déférences de votre obéissant et dévoué « serviteur.

« Jules JANIN. »

---

(1) Monseigneur Frayssinous.— La mémoire de notre spirituel correspondant a été ici, je crois, un peu en défaut : je retrouve du moins, dans les papiers de Jauffret, la preuve qu'il eut l'honneur de rendre visite à M. Jules Janin, *rue Tournon*, 8, en juin et juillet 1836, en août 1838, et à d'autres époques.

NOTE

Nous avions compté un instant pouvoir enrichir cette publication des lettres nombreuses et inédites de quelques-uns des hommes illustres qui furent en relations d'études et d'amitié avec L. F. Jauffret : les deux Cuvier, le sculpteur Houdon, le peintre Louis David, le compositeur Méhul, de Jussieu, Lacépède, Florian, Dussault, Bougainville, Champollion-Fijeac jeune, Petit-Radel, Raynouard, A. A. Barbier, etc. Ces lettres se sont complètement dérobées à nos recherches. Nous dirons plus, l'état des documents qui ont passé dans nos mains nous permet d'affirmer que ces précieux souvenirs, que le goût de Jauffret pour les autographes avait dû le porter à réunir comme un trésor précieux et glorieux pour lui, auront tenté la convoitise impitoyable d'un trop fortuné *autographomane*.

MANUFACTURE DE VÉGÉTAUX.

Nous avons cité à la *Bibliographie*, un article relatif à la création, à Paris, d'une *Manufacture de végétaux artificiels,* d'après les procédés de Wenzel, fleuriste de la Reine Marie-Antoinette. On nous permettra d'ajouter que le projet de cet établissement fut présenté par Jauffret à l'Assemblée Nationale, au mois d'octobre 1790 (il avait alors vingt ans à peine). Après avoir développé son sujet avec un rare mérite de style et d'exposition, l'auteur montre les causes qui avaient retardé les progrès de la botanique et tous les avantages que la découverte de Wenzel pouvait offrir aux sciences et aux arts.

Il concluait en disant : « C'est donc avec cette confiance « qu'inspire la certitude d'avoir fait une découverte glorieuse « que nous mettons notre projet sous la protection immédiate « des représentans de la Nation. Etablis pour régénérer la « patrie, avec quel enthousiasme ne doivent-ils pas accueillir « tout ce qui tend à perfectionner les arts, à vivifier le com- « merce, à étendre l'empire des sciences. »

Si nous insistons sur le projet ainsi présenté par Jauffret, avec la seule autorité de son talent si précoce, c'est que le temps a confirmé, en partie, les espérances qui avaient fait prendre la plume au jeune écrivain, et nous permet de revendiquer ici, comme un titre de Jauffret, la primauté de l'idée de l'application en France du système de Wenzel, aujourd'hui en pleine faveur.

En terminant la collection de ces documents, qui ont achevé de montrer ce qu'a été L. F. Jauffret, et les hautes amitiés, les relations éminentes que son savoir si varié et sa grande intelligence lui avaient acquises, nous croyons devoir appeler l'attention sur une chose dont on parait tenir trop peu de compte dans notre écrivain : Jauffret ne fut pas seulement un autre *Ami des Enfants*, une vive imagination poétique, un fabuliste de premier ordre, il fut aussi, et durant la période la plus féconde et la plus belle de son existence, un savant naturaliste associé pour une large part au grand mouvement scientifique qui a marqué le début de ce siècle et qui a amené ses plus glorieuses conquêtes.

Nous l'avons vu l'ami et le confrère des Lacépède, des Cuvier, des Jussieu, partageant leurs travaux et jugé digne de cette illustre collaboration ; mais ces relations si honorables, que la conformité des goûts et la parité de l'âge avaient pu faire naître et entretenir, reçoivent de l'appréciation des savants français et étrangers, auprès desquels Jauffret ne pouvait être en recommandation que par la valeur de ses propres travaux, une consécration que je viens signaler ici.

Ce n'est pas à nous à juger dédaigneusement les œuvres d'un autre temps, au milieu des progrès que nous a ménagé l'ardente phalange dans l'avant-garde de laquelle se trouvait Jauffret : c'est le témoignage des contemporains de ces œuvres qui doit guider notre propre jugement et nous amener à la vérité, à l'équité ; j'insiste une fois de plus sur cette idée. La valeur scientifique de l'intelligence de Jauffret, voilà ce que je tiens à constater, et les preuves que j'ai fait pressentir, en parlant de l'estime et de la notoriété de savant qu'il s'était acquise parmi ceux même qui ne lui tinrent par aucun lien d'amitié et de confraternité patriotique, je les fournis en nommant le naturaliste Blumenbach, de Gotha, le médecin Joseph Zugenbhuller, de Glaris (Suisse), le philologue et médecin Hermann de Leipsick, etc., qui ne dédaîgnaient pas de recourir à ses lumières.

Voudrait-on un témoignage qui nous touchât de plus près ? un exemple suffira (on en pourrait citer beaucoup de semblables). Vers l'an IX, un médecin qui professait à Bordeaux avec distinction, conçut le plan d'une œuvre physiologique tout à fait neuve et qui était de nature à soulever la plus grande opposition : il s'agissait donc pour l'auteur de s'entourer d'autorités tellement graves, notoires et reconnues universellement comme souveraines dans les décisions des questions abordées par lui, que la thèse nouvelle pût être acceptable, et attirer l'attention et l'étude sérieuse : j'ai sous les yeux le plan de cet ouvrage avec la liste des savants dont l'auteur comptait s'autoriser ; il fait précéder cette liste de ces réflexions : « Ce n'est « pas le nombre des écrivains qui m'intéresse beaucoup, mais

« seulement ce que chacun a ajouté aux travaux de ses pré-
« décesseurs, et les nouveaux traits de lumière que leurs
« écrits ont jeté sur la science de l'homme ». Jauffret revient sur cette liste à côté de Franck, Hufeland, Vicq-d'Azyr, Armstrong, Adam Smith, le célèbre écrivain écossais, Maximilien Stoll Saucerotte, Auguste Thouret... Enfin consacrant d'une façon plus explicite cette réputation, cette notoriété *scientifique* de Jauffret que nous voulons mettre ici en plein relief, notre physiologiste bordelais termine le plan de son œuvre en disant : « Lorsque le temps et l'expérience auront
« mûri nos connaissances, nous offrirons un système de doc-
« trine... En attendant, nous sommes encouragés à persévérer
« dans cette honorable carrière par des *hommes, dont le nom*
« *seul est un éloge*, Hermann, Beaumes, Jauffret, Vieusseux,
« et quelques autres savants recommandables par leurs lu-
« mières et leurs vertus ».

FIN.

Marseille. — Typ. et Lith. Marius Olive.

LISTE

DE

MESSIEURS LES SOUSCRIPTEURS

MARSEILLE (Bouches-du-Rhône).

ARGENCE (Joseph).
ARNAUD (Hippolyte), huissier.
AYASSE, représentant de Commerce.
BARNEAUD (Émile).
BAUX (Alphonse), négociant.
BERTHOU, avocat.
BOBONE (Pierre), entrepreneur de travaux publics.
BOUILLON-LANDAIS, archiviste de la Ville.
BORY (J. T), avocat, membre de l'Académie
BOUTEUIL (Marius), avocat.
BOZE (Volcy), courtier de commerce
BRÈS (Louis), rédacteur au *Sémaphore*.
CAMOIN (Étienne), libraire.
CHAMBRE DE COMMERCE, 2 exemp.
CLAPIERS (Alfred, Comte de).
CROSET (Paul).
CROZET (L. De), bibliophile.
FABRE (Augustin), avocat, juge de paix.
FRAISSINET (Louis), armateur.
GARCIN (P).
GONELLE (Régis).
GUÉNÉE-VALMONT.
GUILLIBERT (Henri), membre de la *Société française d'Archéologie*.
GUISOL (Paulin), avocat.
HAMAOUY (Emile), adjoint au Maire.
JAUFFRET (Félix), avocat.
JULLIEN (Marius).
KOTHEN (Charles).
LARGUIER (Casimir), propriétaire.
LEBON (Marius), libraire, 59 exemp.
LIEUTAUD (Eugène), avocat.
LOMBARDON, avocat.
MATHIEU (Joseph), statisticien.

MEILLEUR (Louis).
MENDEVILLE (Armand), asp. au notariat.
OLIVE (Eugène), propriétaire.
PADOA (Albert), avocat.
PONS (Charles).
RABIER.
RENAUD (François).
RÉGIS DE LA COLOMBIÈRE (De).
RICARD (Émile), ✻ chef de division à la Préfecture
SARDOU (J.-B.); Archiviste.
SEGOND-CRESP, avocat.
SICARD (Ernest), notaire.
SIMON (Léon), principal clerc de notaire.
TERRIS (Adolphe), avocat.

AIX (Bouches-du-Rhône).

MAKAIRE (Achille), libraire, 4 exemp.

PARIS.

CEYRAS (A.) Secrétaire du *Comité de l'Association amicale des anciens Élèves de l'Institution Jauffret,* au nom du Comité et en son nom personnel, 15 exemp. papier holl.
J. BAUR et DÉTAILLE, libraires

LA ROQUE-BRUSSANNE (Var).

ALEXIS (Théophile), maire.
ARÈNE, receveur des Postes.
BARBARROUX (Lucien), propriétaire.
BARTHÉLÉMY (André), ancien instituteur.
BÉGUIN (Casimir), propriétaire.
BÉGUIN (Louis L. A.) juge-suppléant.
BÉGUIN (L. T. D.) ✻ docteur en médecine, chirurgien principal de la Marine.
BÉGUIN (Astérie).
BONNEFOY, greffier de la Justice de Paix.
BRAUD (Robert), Secrétaire de la Mairie
CANOLLE (François), propriétaire, juge-suppléant.
GUION, Curé-Doyen.
HUGUES, médecin.
IMBERT (Marius), propriétaire.
JOURDAN, Instituteur communal.

NÈGRE (Ernest), prêtre-vicaire.
OLLIVIER, juge de paix.
OLLIVIER (Augustin), propriétaire.
OLLIVIER (Elisa).
REYMONENQ (Robert), propriétaire.
ROUBAUD (Phillippe), propriétaire.

St-MAXIMIN (Var)

GUION, ancien Curé.

MANOSQUE (Basses-Alpes).

ARBAUD (Damase), ✱ Docteur en médecine, correspondant du Ministère de l'Instruction Publique pour les travaux historiques.

SISTERON (Basses-Alpes).

ALLÉGRE, inspecteur des Écoles primaires.

FRÉJUS (Var).

Le Chanoine Joseph REBOUL.

PUGET-VILLE (Var).

RICHARD (Philémon), avocat.

MOSTAGANEM (Algérie).

SIMON (Pierre), avocat.

TOULON (Var).

PEISE, sous-inspecteur des Contributions Indirectes.
REBOUL, prêtre-vicaire.

VENEZ (Algérie).

COURBASSIER (L.),

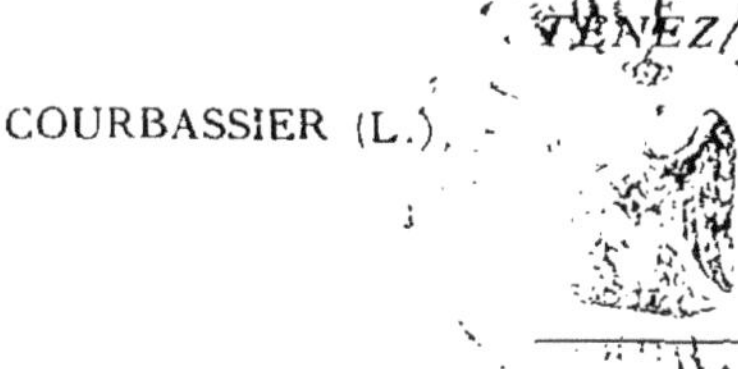

www.ingramcontent.com/pod-product-compliance
Ingram Content Group UK Ltd.
Pitfield, Milton Keynes, MK11 3LW, UK
UKHW012218240726
13966UKWH00003B/834